国家社会科学基金重点项目“坚持和完善中国特色社会主义基本经济制度研究”[20AZD011]

基本经济制度发展指数研究

韩清 李正图——主编

東方出版中心

图书在版编目（CIP）数据

基本经济制度发展指数研究 / 韩清，李正图主编
— 上海：东方出版中心，2021.6
ISBN 978-7-5473-1823-2

Ⅰ. ①基… Ⅱ. ①韩… ②李… Ⅲ. ①中国经济－经济制度－研究 Ⅳ. ①F121

中国版本图书馆CIP数据核字(2021)第080067号

基本经济制度发展指数研究

主　　编　韩　清　李正图
责任编辑　黄　驰　张爱民
装帧设计　钟　颖

出版发行　东方出版中心
地　　址　上海市仙霞路345号
邮政编码　200336
电　　话　021-62417400
印 刷 者　山东韵杰文化科技有限公司

开　　本　890mm × 1240mm　1/32
印　　张　6.25
字　　数　202千字
版　　次　2021年7月第1版
印　　次　2021年7月第1次印刷
定　　价　98.00元

目　录

前　言

今年是中国共产党成立100周年。2020年底召开的中央经济工作会议强调："在统筹国内国际两个大局、统筹疫情防控和经济社会发展的实践中，我们深化了对在严峻挑战下做好经济工作的规律性认识"，进而列举了五个"规律性认识"，其中居于首位的是，"党中央权威是危难时刻全党全国各族人民迎难而上的根本依靠，在重大历史关头，重大考验面前，党中央的判断力、决策力、行动力具有决定性作用"。回顾中国共产党百年历程，总结中国共产党领导中国人民百年奋斗历程中遵循马克思主义原理对中国经济社会客观规律探究的曲折过程，能够更加深刻地理解这次中央经济工作会议提出的首位"规律性认识"。

1978年开启的改革开放大业，到中国共产党成立100周年的2021年之时，已经经历了43年。这43年，已经全面建成了小康社会。期间，2018—2020年的三大攻坚战（精准脱贫、污染防治和防范化解重大风险）也同步全面完成。在全面建成小康社会基础上，从2021年开始，在中国共产党领导下，中国人民开启了全面建设社会主义现代化国家新征程。由此可见，这43年，是中国共产党百年历程中极其重要的阶段，总结其中"党中央权威是危难时刻全党全国各族人民迎难而上的根本依靠，在重大历史关头，重大考验面前，党中央的判断力、决策力、行动力具有决定性作用”规律性认识，更能够体现中国共产党在中国特色社会主义伟大实践和伟大理论中的领导核心作用。

改革开放43年来，中国共产党领导中国人民展开了中国特色社会主义的伟大实践，在这一伟大实践中产生了中国特色社会主义伟大理论。2020年8月24日，习近平总书记《在经济社会领域专家座谈会上的讲话》中深刻指出:“理论源于实践，又用来指导实践。改革开放以来，我们及时总结新的生动实践，不断推进理论创新，在发展理念、所有制、分配体制、政府职能、市场机制、宏观调控、产业结构、企业治理结构、民生保障、社会治理等重大问题上提出了许多重要论断。比如，关于社会主义本质的理论，关于社会主义初级阶段基本经济制度的理论，关于创新、协调、绿色、开放、共享发展的理论，关于发展社会主义市场经济、使市场在资源配置中起决定性作用和更好发挥政府作用的理论，关于我国经济发展进入新常态、深化供给侧结构性改革、推动经济高质量发展的理论，关于推动新型工业化、信息化、城镇化、农业现代化同步发展和区域协调发展的理论，关于农民承包的土地具有所有权、承包权、经营权属性的理论，关于用好国际国内两个市场、两种资源的理论，关于加快形成以国内大循环为主体、国内国际双循环相互促进的新发展格局的理论，关于促进社会公平正义、逐步实现全体人民共同富裕的理论，关于统筹发展和安全的理论，等等。这些理论成果，不仅有力指导了我国经济发展实践，而且开拓了马克思主义政治经济学新境界。”

如何全面把握改革开放以来中国特色社会主义伟大实践的客观进程？如何全面总结改革开放以来中国特色社会主义伟大理论？改革开放以来中国特色社会主义伟大实践和伟大理论是如何实现“理论源于实践，又用来指导实践”的？所有这些问题应当是今年“庆祝中国共产党成立100周年”大视野下中国哲学社会科学领域研究的重大任务。正如习总书记教导我们的那样，“新时代改革开放和社会主义现代化建设的丰富实践是理论和政策研究的‘富矿’，我国经济社会领域理论工作者大有可为”。

正是基于上述中国共产党成立100周年、全面建成小康社会、全面完成脱贫攻坚伟大任务和全面建设社会主义现代化国家的时代背景，更是为了新时代中国开启全面建设社会主义现代化国家新征程重要思想准备和理论武装，本课题组启动了中国特色社会主义经济建设实践和理论的重要方面——基本经济制度理论和实践的研究。在此基础上，为了用简洁清晰的方式呈现基本经济制度发展状况，我们编制了基本经济制度发展指数。考虑到与世界各国比较的需要，我们编制了世界各国基本经济制度发展指数；考虑我国区域发展不平衡不充分的现实，我们编制了上海市基本经济制度发展指数，作为典型和样板，供其他地区参照。为此，关于基本经济制度发展指数的编制方式，是以中国基本经济制度指数为主，同时编制了世界各国基本经济制度发展指数和上海基本经济制度发展指数。

中国基本经济制度发展指数研究基于党的十九届四中全会对中国基本经济制度理论内涵的丰富与拓展，对中国的基本经济制度及分别对应的三个维度的状况进行了科学评估。该指标体系根据“所有制”“收入分配制度”和“社会主义市场经济”三个维度，用3

个一级指标和9个二级指标以及28个基础指标对中国基本经济制度发展指数进行评估。其中，“所有制”主要考察的是中国不同所有制经济共同发展的状况，“收入分配制度”主要考察的是中国收入分配的演进状况，“社会主义市场经济”主要考察的是中国所有制基础上对应的市场机制的演进历程。本书中的实证研究一方面客观测算了中国基本经济制度以及三个维度的实际演进轨迹，另一方面在实证基础上论证了十九届四中全会对中国基本经济制度内涵的丰富与拓展的合理性和科学性。由此，论证了中国特色社会主义基本经济制度以及中国特色社会主义理论、中国特色社会主义道路、中国特色社会主义制度和中国特色社会主义文化的科学性和优越性。

基本经济制度理论源于改革开放以来中国经济社会发展的实践。基本经济制度是整个经济制度体系中的重要组成部分，与根本经济制度、重要经济制度一道，构成了经济制度体系的整体。因此，从改革开放以来中国经济发展实践中孕育、发展起来的基本经济制度理论具有普遍适用性，适用于世界各国和经济发展史上的经济发展实践及其经济制度体系。为此，本研究基于国家治理的维度，运用基本经济制度理论，对全球主要国家的基本经济制度发展状况、发展环境和功能进行定量评估和特征分析，并与19个典型国家、地区进行了量化比较分析。同时，本研究基于省域治理的维度，运用基本经济制度理论在上海的经济社会发展实践，分“所有制”“收入分配制度”和“社会主义市场经济”三个维度对上海基本经济制度的演进状况进行了实证分析。

2021年6月

上　编

基本经济制度发展指数

第一章
改革开放以来中国基本经济制度发展指数

基于拓展之后的中国基本经济制度内涵，衡量社会主义市场经济的重要指标就是中国市场化的程度。为此，根据《中国市场化指数》所发布的指数显示，2008—2016年，中国市场化程度稳中有升。这在很大程度上可以说明，中国社会主义市场经济不断完善。党的十四大就提出“发挥市场在资源配置中的基础性作用”，党的十五大和十六大进一步突出了市场的作用，明确提出“进一步加强市场在资源配置中的作用”，党的十八届三中全会进一步发展为“使市场在资源配置中起决定性作用和更好发挥政府

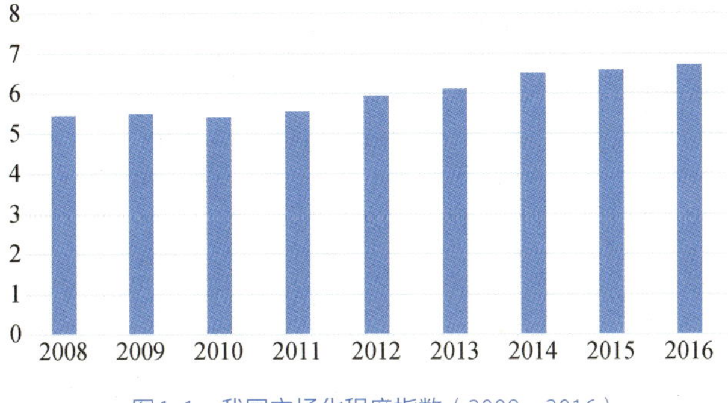

图1-1　我国市场化程度指数（2008—2016）

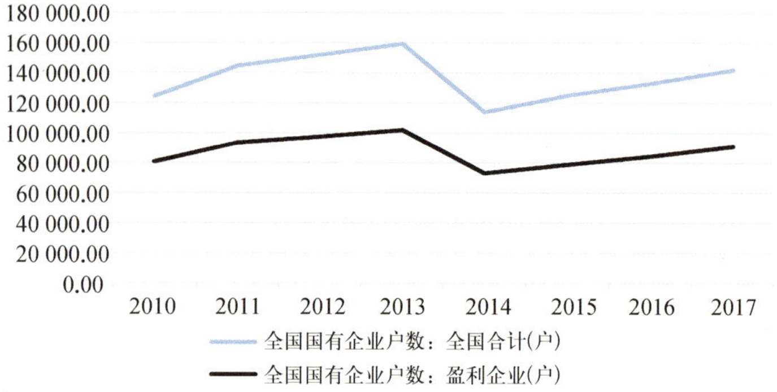

图 1-2　我国国有企业发展概况（2010—2017）

作用”，由此，进一步从制度层面为社会主义市场经济资源配置提供了保障。

在基本经济制度所有制维度，以国有企业为代表的公有制经济的发展状况是衡量基本经济制度发展状况的关键因素。自国有企业改革之后，我国国有企业的发展是检验基本经济制度优劣的关键标准。从目前国有企业改革的结果看，国有企业改革卓有成效，特别是2010—2017年，中国国有企业资产总量稳中有升，国有企业数量整体稳定在10万户以上（全国合计），特别是自国有企业改革以来，中国国有企业的竞争力不断提升，虽然盈利企业户数稍有波动，但是盈利户数已经占60%以上。

除了考察国有企业的发展状况之外，检验基本经济制度的重要标准就是不同所有制经济的发展情况。伴随着国有企业改革及改革开放的逐步推进，以乡镇企业为代表的集体经济和以温州模式为代表的私营经济快速发展，外资经济也快速发展。整体看

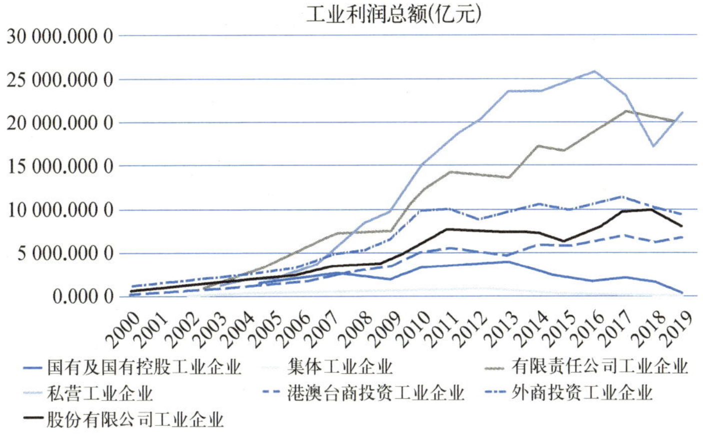

图1-3　我国不同所有制经济利润发展概况（2000—2019）

来，随着中国改革开放的推进和社会主义市场经济的完善，中国不同所有制经济都得到了长足发展。从2000—2019年不同所有制经济工业企业的经营状况看，近年来，工业领域中私营工业、有限责任公司工业、外商投资工业、股份制有限公司工业等企业都有不同程度的发展。

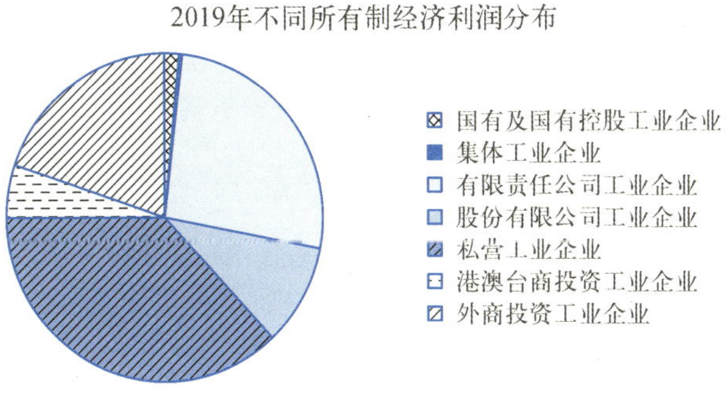

图1-4　我国不同所有制经济利润分布概况（2019）

当然，不同所有制经济的同步发展并不意味着不同所有制经济之间的“平均”发展，恰恰是不同所有制经济在不同发展阶段的贡献不同，实现了中国市场经济主体的多元动力机制。以2019年为例，在混合所有制的模式下，不同所有制经济的利润出现了多元分布的态势。

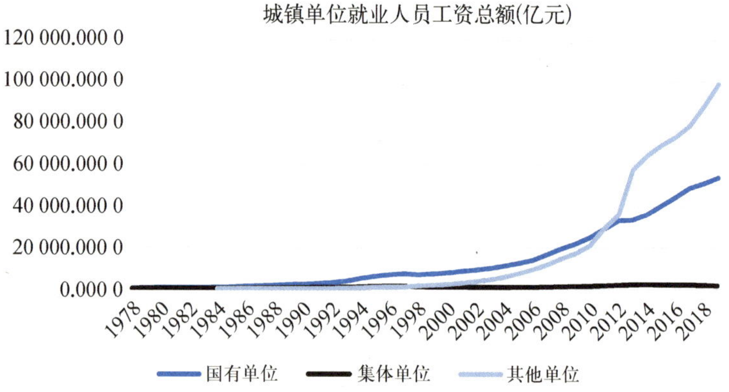

图1-5　我国不同所有制经济城镇单位就业人员工资概况（1978—2018）

1978—2018年，我国不同所有制经济市场主体中的就业人员的收入水平从2000年起显著提升。以国有单位、集体单位和其他单位城镇单位就业人员工资总额的演进趋势可以发现，一方面不同所有制经济收入水平都有所提升，另一方面不同所有制经济的收入提升水平差异较大。其中，在2011年之前，国有企业就业人员的收入最高，自2012年及以后，其他单位就业人员的工资水平最高。

中国基本经济制度已经呈现出所有制、收入分配和社会主义

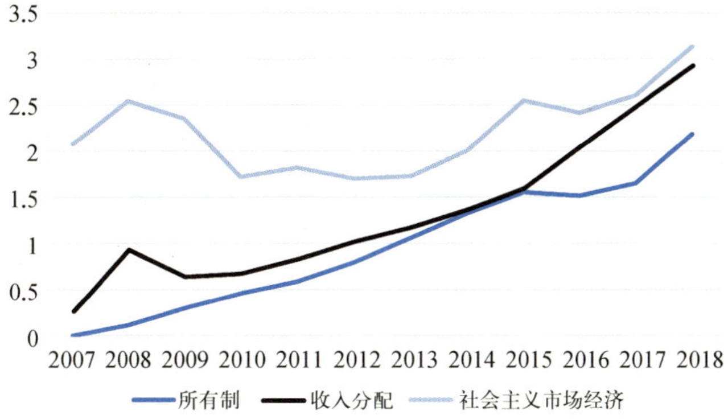

图 1-6 基本经济制度不同维度演进情况

市场经济三个维度的综合。基于本章所设定的基础指标，进行权重测算后，分别计算出基本经济制度所有制、收入分配和社会主义市场经济三个维度的指数。从实证结果看，自 2007—2018 年，基本经济制度的三个维度都呈现出稳定上升的态势。该结果说明了，中国基本经济制度所对应的三个维度现实的运行态势整体一致，符合中国社会主义实践过程中的基本现实。

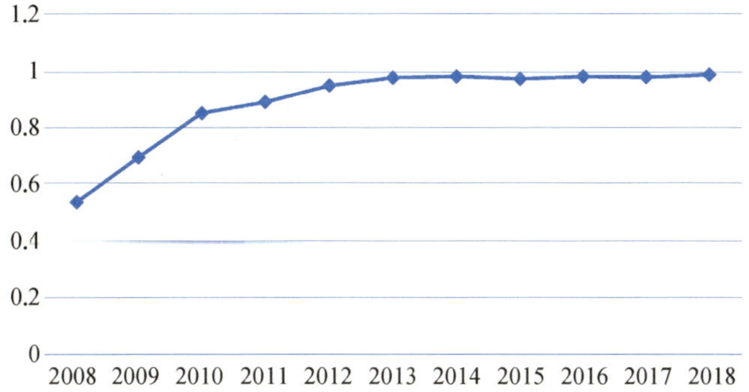

图 1-7 中国基本经济制度三位一体耦合度示意图

十九届四中全会之前，中国基本经济制度的内涵主要是所有制层面，之所以在十九届四中全会将其拓展为所有制、收入分配和社会主义市场经济三个维度的综合，一方面是社会主义经济实践的客观呈现，另一方面也是三个维度相关耦合的理论必然。为此，基于本章所设定的指标及耦合度测算可以发现，中国基本经济制度三个子系统之间的耦合度不断提升，这进一步证明了中国基本经济制度内涵拓展的理论合理性。

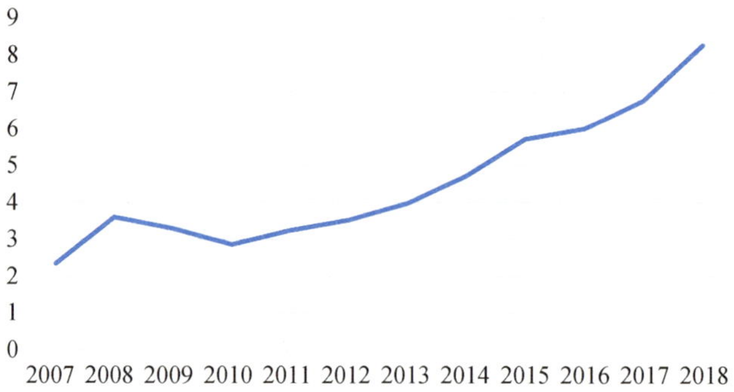

图1-8　中国基本经济制度发展指数

本章基于中国基本经济制度的新内涵、基于最新的指标体系进行测算。从2007—2018年中国基本经济制度发展指数的演进路径可以发现，我国基本经济制度整体呈现出健康稳健的发展态势。特别是在金融经济等领域出现危机的时候，比如2009年、2015年时，中国基本经济制度发展指数整体还是呈现了显著的稳健特征。这可以进一步说明，一方面中国基本经济制度本身具备制度的稳定性和科学性。另一方面也说明，中国基本经济制度

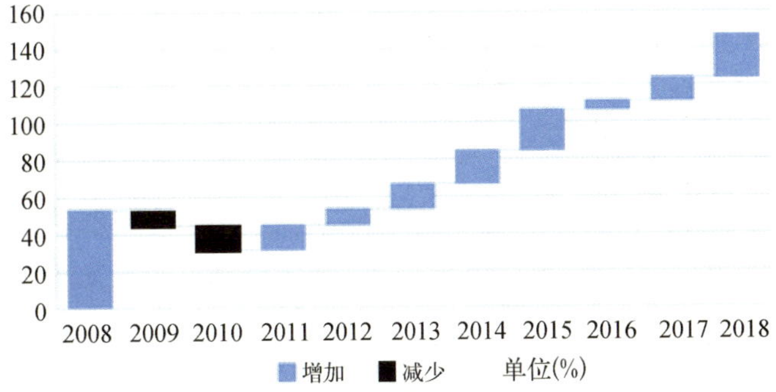

图 1-9 中国基本经济制度增长情况

在一定程度上成为经济健康发展的稳定器，是中国经济高质量发展的关键制度性基础。

本章进一步测算了2008—2018年中国基本经济制度的年度增量指数，仅有2009年和2010年由于受到经济危机的影响稍有下降之外，中国基本经济制度增长态势良好。同时，基本经济制度的增长也呈现了不断收敛和稳定的态势，为中国经济高质量发展提供了重要的制度保障。

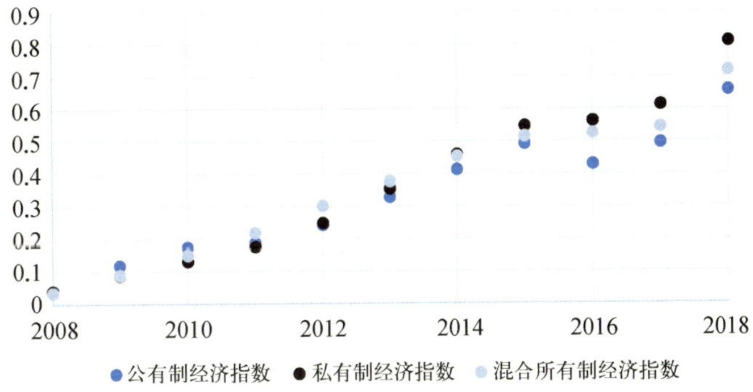

图 1-10 不同所有制经济发展指数

从2008—2018年我国不同所有制经济的发展情况看，呈现出以下三个重要的特征：第一，不同所有制经济整体呈现了协同发展的良好态势，这很大程度上证明了不同所有制经济可以共同发展；第二，混合所有制经济有两种形式，通过不同所有制经济发展概况可以发现，两种模式的混合所有制形式都是有效的，这进一步论证了混合所有制作为基本经济制度实现形式的科学性；第三，在不同的发展阶段，经济发展的第一推动力稍有区别，不同所有制经济在不同发展阶段的交替推动作用，更加有利于推动经济高质量发展。

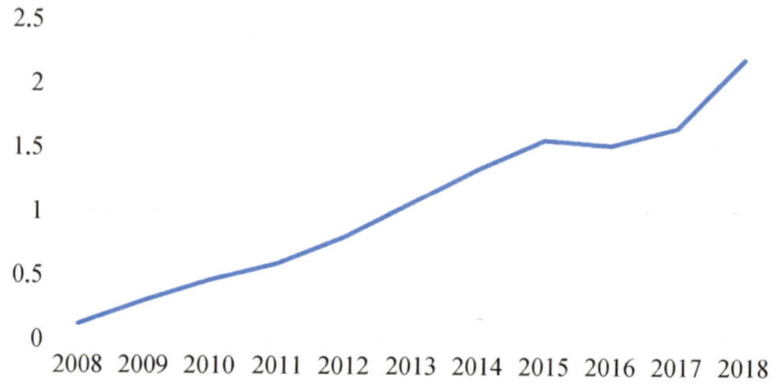

图1-11　基本经济制度所有制维度指数

进一步考察中国基本经济制度所有制维度的演进情况。从2007年起，基本经济制度所有制维度发展整体比较稳健。除了2015—2017年，所有制维度指数增长稍有缓和，但整体发展趋势依然健康稳健。

从2007—2018年，我国基本经济制度对应的收入分配的三个重要维度整体都呈现了显著上升的发展态势。值得注意的是，

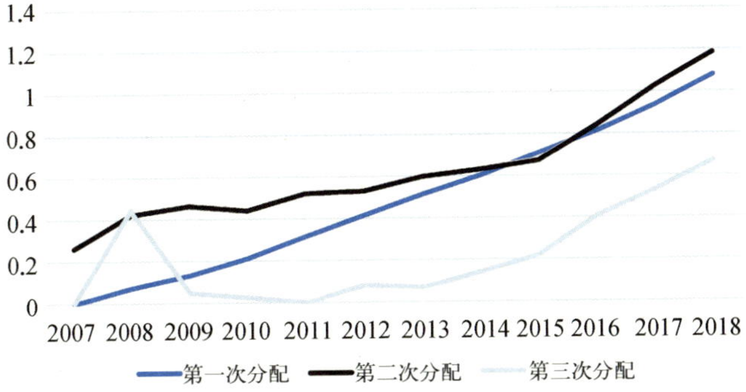

图 1-12 收入分配结构状况指数

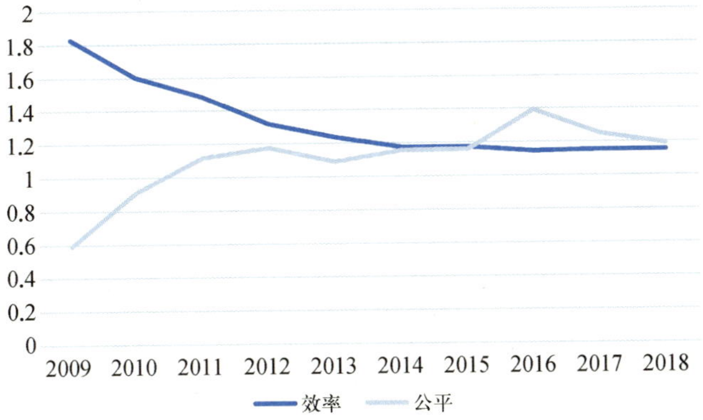

图 1-13 收入分配效率与公平指数

从收入分配的三个维度观察，2008年第三次分配出现过短期大幅增长的状态，除此之外，第三次分配的发展相对滞后，需要大力发展。从分配制度的整体看，收入分配的三个维度发展态势良好。

进一步考察分配制度下的公平与效率，从测算结果看，2009—2015年，收入分配还是以效率为主，从2015年我国的收入分配状况开始侧重于公平。公平和效率是社会主义经济发展中两个重要的方面，不同的收入分配制度对社会的公平和效率会产生一系列的影响。社会主义的本质也要求中国的发展最终要达到共同富裕的目标，而不是仅仅强调生产力的发展。改革开放以来的经济成果已经表明，中国经济的收入分配对促进生产力发展、提升经济效率起到了重要的作用，体现了收入分配制度的激励效果。但收入分配面临的问题依然不可回避，不论是不同所有制经济之间的收入分配问题，还是不同区域的收入分配问题，乃至于城乡之间的收入分配问题等等都日益凸显。本章的测算结果表明，从2015年起，中国收入分配更加关注公平，同时收入分配效率指数并未出现明显下滑，进一步彰显了中国收入分配制度的优越性与中国基本经济制度的优越性。然而，由于本章所构建的是增量型的指数，一方面还未完全体现效率和公平之间的存量差异，另一方面，从测算结果看，目前的收入分配制度虽然已经在一定程度上兼顾了公平和效率，但与最优的发展模式还存在些许差距。本章认为，从增量型的指数看，当前最优的收入分配

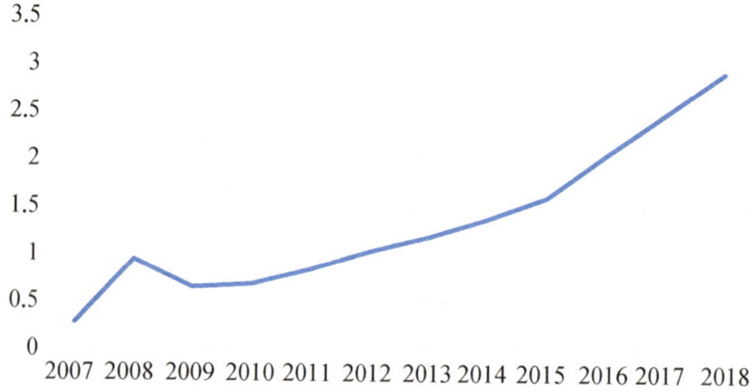

图1-14 基本经济制度收入分配维度指数

制度对应的公平和效率指数应该都保持稳健或者向上发展的态势，同时公平指数在当前乃至于今后一段时期都应该在效率指数之上。

进一步考察中国基本经济制度收入分配维度的演进情况。从2007年起，基本经济制度收入分配维度发展整体比较稳健。收入分配在2008年有所冲击更多源自自然灾害的突发事件，一方面体现了收入分配机制在应对突发事件的灵活性，另一方面也为不断完善收入分配机制，进而不断完善基本经济制度提供了重要的经验借鉴。

基于社会主义市场经济的三个维度的演进情况，我们可以发现，2007—2018年，中国社会主义市场经济的三个维度整体都保持稳定的发展态势，特别是自2014年之后，创新机制的贡献不断增加。自2007年以来在社会主义市场经济三个维度中，创新机制已经成为推动社会主义市场经济不断完善的最大贡献力量。深入到市场机制维度可以发现，整体上市场机

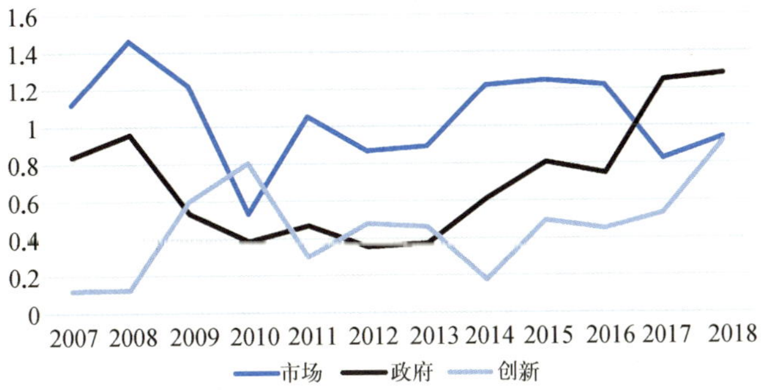

图1-15 社会主义市场经济三维度示意图

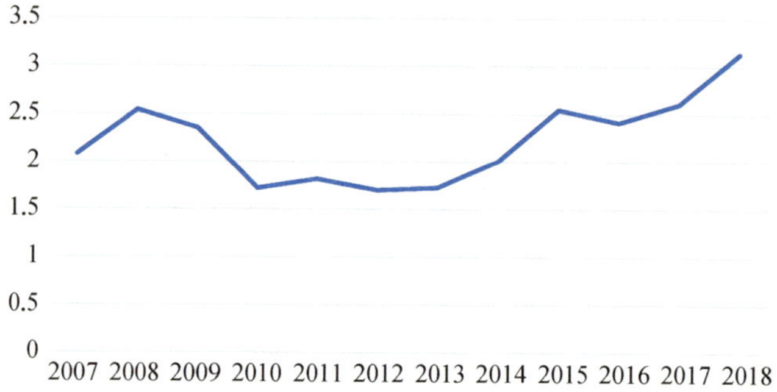

图1–16 基本经济制度社会主义市场经济维度指数

制在三个维度中处于占优地位，充分彰显了市场在资源配置中起决定性作用的地位。不过，值得注意的是，在全球化背景下，市场机制在一定程度上存在显著的网络性特征，也就是说，中国特色社会主义市场经济中的市场维度并不是孤立的，它依然会受到比如利率市场、汇率市场、金融市场、大宗商品市场等等国际市场的影响和制约，这也在一定程度上造成了市场指数的波动。同时，政府机制的波动往往更多受到国内因素的影响。也正是由于中国社会主义市场经济的三位一体特征，才更好保障了中国社会主义市场经济稳健发展，实现了资源的高效配置。这不仅彰显了中国社会主义市场经济的优越性，也进一步彰显了中国特色社会主义基本经济制度的优越性。

通过以上分析，我们进一步考察了中国基本经济制度社会主义市场经济维度的演进情况。从2007年起，基本经济制度社会主义市场经济维度发展整体比较稳健。社会主义市场经济的不断完善是中国政府、市场和创新机制的共同作用。因此，为了更好实现中国基本经济制度的健康发展，要坚持十九届五中全会所提出的："坚持和完善社会主义基本经济制度，充分发挥市场在资源配置中的决定性作用，更好发挥政府作用，推动有效市场和有为政府更好结合。"在此基础上，重视创新机制的作用，进而构建高水平社会主义市场经济体制。

表 1-1 全球典型国家、地区基尼系数概况（2008—2019）[1]

年份	中国	美国	欧盟	德国	法国	荷兰	英国	芬兰	冰岛	挪威	丹麦	瑞典
2008	0.491	0.47	0.31	0.30	0.30	0.28	0.34	0.26	0.27	0.25	0.25	0.25
2009	0.490	0.47	0.31	0.29	0.30	0.27	0.32	0.26	0.30	0.24	0.27	0.26
2010	0.481	0.47	0.31	0.29	0.30	0.26	0.33	0.25	0.26	0.24	0.27	0.26
2011	0.477	0.48	0.31	0.29	0.31	0.26	0.33	0.26	0.24	0.23	0.27	0.26
2012	0.474	0.48	0.31	0.28	0.31	0.25	0.31	0.26	0.24	0.23	0.27	0.26
2013	0.473	0.48	0.31	0.30	0.30	0.25	0.30	0.25	0.24	0.23	0.27	0.26
2014	0.469	0.48	0.31	0.31	0.29	0.26	0.32	0.26	0.23	0.24	0.28	0.27
2015	0.462	0.48	0.31	0.30	0.29	0.27	0.32	0.25	0.25	0.24	0.27	0.27
2016	0.465	0.48	0.31	0.30	0.29	0.27	0.32	0.25	0.24	0.25	0.28	0.28
2017	0.467	0.49	0.31	0.29	0.29	0.27	0.33	0.25	0.25	0.26	0.28	0.28
2018	0.468	0.49	0.31	0.31	0.29	0.27	0.34	0.26	—	0.25	0.28	0.27
2019	0.465	0.48	0.31	0.30	—	0.27	—	0.26	—	0.25	0.28	0.28

1 相关数据源自wind数据库。国际惯例把0.2以下视为收入绝对平均；0.2—0.3视为收入比较平均；0.3—0.4视为收入相对合理；0.4—0.5视为收入差距较大，当基尼系数达到0.5以上时，则表示收入悬殊。

近年来，虽然中国收入分配的整体结构在不断优化，但是纵观当前全球典型国家、地区的收入分配概况可以发现，中国在收入分配层面的挑战依然艰巨。基于表1-1数据，从纵向看，自2008—2019年，中国基尼系数不断下降，全国层面收入分配状况不断改善。从横向看，在全球典型国家或地区中，中国的收入分配状况依然排名靠后，收入分配差距还不小。特别是改革开放以来，生产力不断解放和发展，但是共同富裕的目标依然面临不小挑战。

表1-2 中国基本经济制度指标体系

一级指标	二级指标	三级指标	三级指标属性
所有制	公有制经济	公有制经济固定投资金额	正向
		公有制经济当年资产增加额	正向
	私有制经济	私有制经济固定投资金额	正向
		私有制经济当年资产增加额	正向
	混合所有制经济	混合所有制经济固定投资金额	正向
		混合所有制经济当年资产增加额	正向
收入分配	一次分配	国有企业就业人员平均工资	正向
		城镇集体企业就业人员平均工资	正向
		其他企业就业人员平均工资	正向
	调节机制	基尼系数	负向
		税收调节	适应性
		社会保障和就业调节（本级公共财政支出+地方公共财政支出）	正向
		中央对地方税收返还和转移支付调节	正向
	第三次调节	捐赠收入调节	正向

（续表）

一级指标	二级指标	三 级 指 标	三级指标属性
社会主义市场经济	市场机制	市场化程度	正向
		商业自由	正向
		劳动力自由	正向
		金融自由	正向
		贸易自由	正向
		投资自由	正向
	政府机制	经济自由	正向
		财政能力	正向
		政府效率	正向
		监管质量	正向
		法治	正向
	创新机制	全球创新指数	正向
		高新技术产品出口比	正向
		研发效率（专利数除以RD）	正向

在构建指标体系的过程中，一共涉及三级指标，其中一级指标中的基本经济制度发展指数是由公有制经济发展指数、私有制经济发展指数和混合所有制经济发展指数三个二级指标构成。基本经济制度的发展本身就是公有制经济发展指数、私有制经济发展指数和混合所有制经济共同发展和耦合的过程，通过两级指标在构成一级指标过程中的不同权重，不仅可以量化分析公有制经济与非公有制经济的总量情况，还可以很好地量化分析不同所有制经济的结构效应。

表1-3 不同所有制经济投资效率

年份	国有经济	集体经济	私营个体经济	联营经济	股份制经济	外商投资经济	港澳台投资经济	其他经济
2002年	0.689	0.873	0.878	0.636	0.663	0.808	0.697	0.692
2003年	0.638	0.874	0.796	0.569	0.602	0.537	0.594	0.614
2004年	0.608	0.899	0.781	0.619	0.485	0.585	0.524	0.447
2005年	0.584	0.872	0.745	0.867	0.575	0.658	0.645	0.595
2006年	0.573	0.651	0.722	0.605	0.624	0.689	0.569	0.687
2007年	0.554	0.695	0.705	0.810	0.582	0.588	0.532	0.656
2008年	0.522	0.704	0.729	0.754	0.569	0.568	0.571	0.676
2009年	0.515	0.713	0.746	0.731	0.604	0.651	0.578	0.698
2010年	0.529	0.664	0.705	0.526	0.566	0.582	0.561	0.690
2011年	0.569	0.738	0.714	0.612	0.571	0.636	0.563	0.677
2012年	0.562	0.709	0.702	0.600	0.582	0.629	0.551	0.678
2013年	0.615	0.753	0.720	0.703	0.592	0.645	0.559	0.726
2014年	0.656	0.788	0.731	0.802	0.599	0.660	0.566	0.757
2015年	0.684	0.836	0.766	0.842	0.631	0.697	0.574	0.783
2016年	0.561	0.806	0.682	0.817	0.524	0.545	0.530	0.720
2017年	0.583	0.818	0.683	0.811	0.527	0.595	0.561	0.775
平均值	0.590	0.774	0.738	0.706	0.581	0.630	0.574	0.679

从投资效率的平均值看，投资效率最高的是集体经济，达到了0.774，其后依次是私营个体经济、联营经济、其他经济、外商投资经济、国有经济和股份制经济，投资效率最低的是港澳台投资经济，为0.574。从各年度的投资效率看，投资效率最高的依然是集体经济，在2004年达到了0.899。值得注意的是2017年各类经济主体的投资效率与2002年的相比，只有联营经济的投

资效率稍有增加，其他不同经济类型的主体投资效率都有所下降。这一方面是因为联营经济的经济规模相对比较小，另一方面是因为经济发展逐步收敛的结果。不过，哪怕是经济发展逐步收敛，集体经济、股份制经济和国有经济下降幅度相对比较小，港澳台投资经济、私营个体经济和外商投资经济下降幅度相对较大。由此可以发现，在我国公有制经济的投资效率并不低，并且从投资效率的稳定性看，公有制经济的投资效率也比较稳定。由此可以发现，从投资效率维度可以进一步佐证公有制经济占主体的地位并未动摇，不能仅从国民生产总值的维度考察不同所有制经济的占比情况，还应该综合考虑资产、效率等其他维度的发展情况，这样才有助于更好推动不同所有制经济健康发展，推动基本经济制度更加完善，实现经济高质量发展。

第二章
改革开放以来上海基本经济制度发展指数

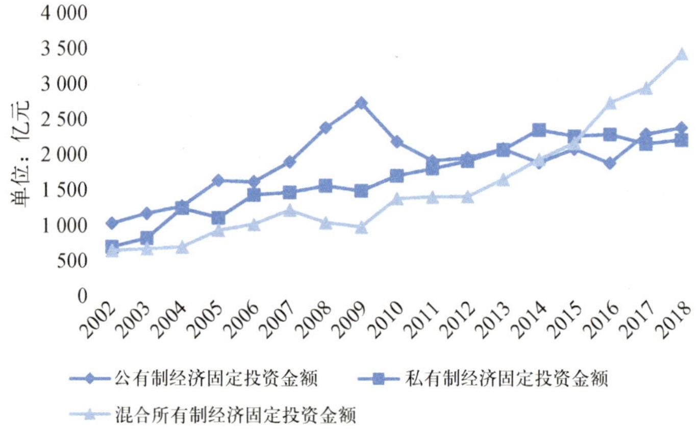

图2-1　2002—2018年公有制、私有制、混合所有制经济固定资产投资金额

从上图的结果看，中国基本经济制度所有制维度的投资层面整体发展稳定，不过不同年份的第一驱动力稍有区别。从投资金额的演进趋势看，从2016年起，混合所有制经济的固定资产投资最大，其后依次是公有制经济和私有制经济的固定资产投资。从平均值看，公有制经济固定资产投资金额最大，为1 852.7亿元，显示了我国公有制经济的主体地位。其次是私有制经济固定

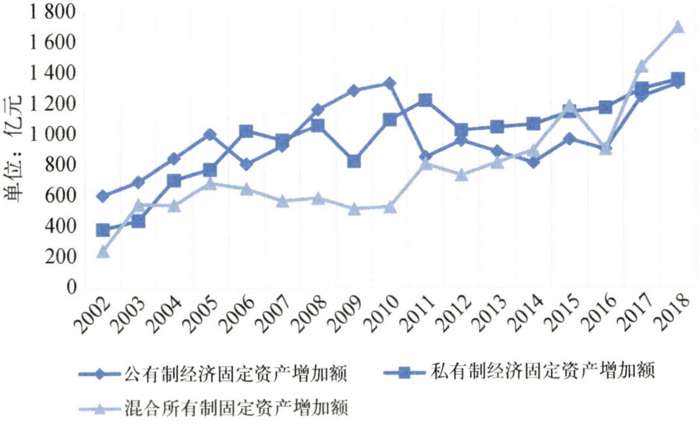

图2–2 2002—2018年公有制、私有制、混合所有制经济固定资产投资增加额

资产投资，为1 628亿元。最后是混合所有制经济固定资产投资金额，为1 492.6亿元。

从上图的结果看，中国基本经济制度所有制维度的固定资产新增层面整体发展稳定，不过不同年份的增加额稍有区别。从固定资产增加额的演进趋势看，从2016年起，混合所有制经济的

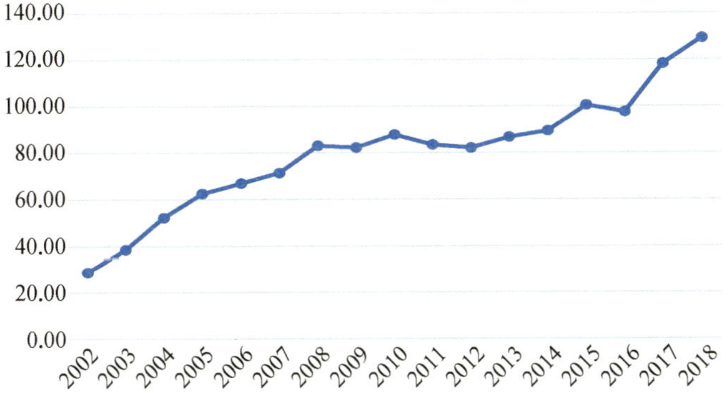

图2–3 上海基本经济制度之所有制综合指数

固定资产增加额最大，其后依次是私有制经济和公有制经济的固定资产增加额。从平均值看，公有制经济固定资产增加额最大，为971.9亿元，进一步显示了我国公有制经济的主体地位。其次是私有制经济固定资产增加额，为971.6亿元。最后是混合所有制经济固定资产增加额，为781.1亿元。

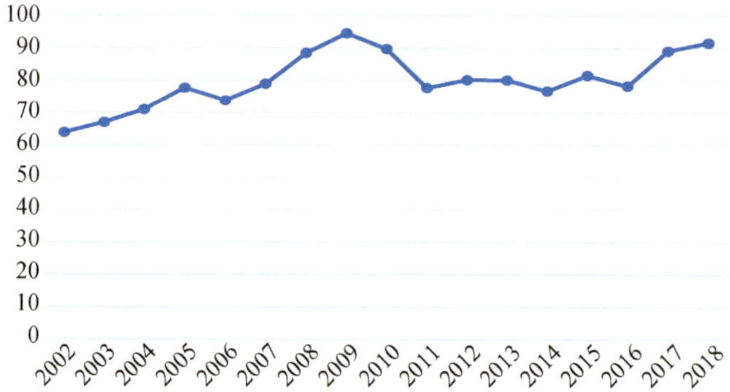

图2-4 上海经济所有制之公有制经济分指数

从总体来看，上海基本经济制度所有制指数呈现上升态势，体现上海总体经济稳中上升的发展趋势。分阶段来看，2002—2008年间，上海经济发展速度较快，属于快速增长阶段；受2008年金融危机的影响，2009—2012年间，上海经济出现短暂下行，进入调整阶段；2013年之后，随着上海自贸区的设立、扩区，以及相关市场准入准则的实施，上海经商环境进一步优化，吸引了众多国内外的优质企业，改革效应充分释放，上海经济逐步进入发展的快车道。

本章使用公有制经济固定投资金额和增加额来衡量上海公有

制经济发展的实力。固定资产投资显示着一个地区经济发展的水平，也是提高一个地区投资总量经济实力的根本途径。固定资产投资的功效在于能够显著提高社会经济的发展实力，随着投资总量的加大，经济和社会的综合实力也会不断得到加强。因此，我们采用上海公有制固定资产投资金额和增加额衡量公有制经济发展的状况。从图2-3与图2-4的对比中可以看到，上海公有制经济指数相比基本经济制度所有制总指数波动幅度较大。其中，2000—2009年，上海公有制经济分指数大体处于上升阶段，并在2009年到达最高点；2009—2011年出现短暂下行之后，上海公有制经济发展进入一个波动期，经过一段时间的调整之后，从2016年开始，公有制经济开始恢复增长，又进入快速发展阶段。在上海经济所有制中，公有制经济固定投资金额和固定资产增加额的权重相较于私有制经济与混合所有制经济都偏低，因此上海公有制经济分指数的波动趋势与上海基本经济制度所有制综合指数的波动趋势存在一些差异。

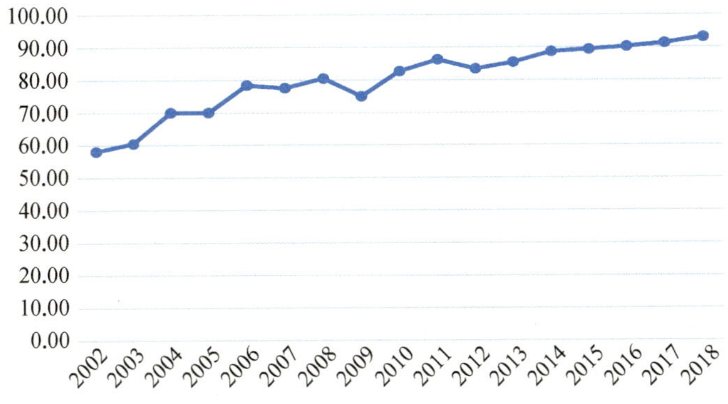

图2-5 上海经济所有制之私有制经济分指数

本章使用私有制经济固定投资金额和增加额来衡量上海公有制经济发展的实力。私有制经济是社会主义市场经济的重要组成部分，从国际市场发展的趋势来看，私有制经济是推动经济产业转型和升级的重要推动力，我国改革开放以来取得的巨大成就与私有制经济的蓬勃发展是紧密相连的。私有制经济的发展会使整体国民经济更加充满活力，因此我国政府一直以来都非常重视私有制经济的发展，采取了一系列鼓励支持私营经济发展的政策措施，习近平总书记也在2018年11月在民营企业座谈会上的讲话时充分肯定了民营经济的地位和作用，提出支持民营经济发展的六大举措。从图2-5与图2-3可以看出，私有制经济分指数的整体趋势与经济所有制综合指数的整体趋势一致，但在发展速度上，两者略有差异。分阶段来看，2002—2008年间，私有制经济处于快速发展阶段；受到金融危机的影响，2009年私有制经济出现短暂回落，但2010年开始，私有制经济又恢复增长，在经历过短暂的快速增长之后，逐步处于平稳增长的阶段。

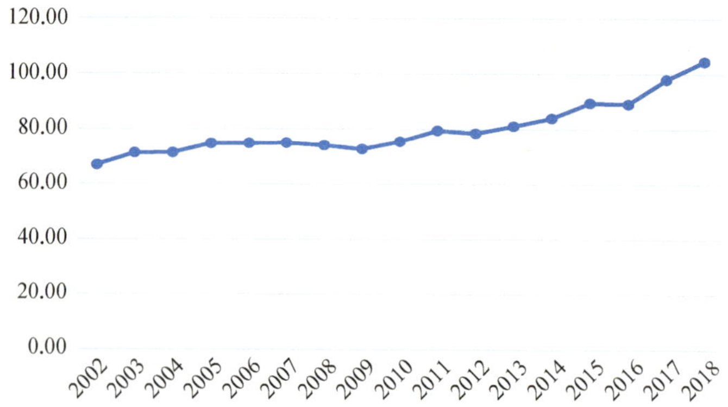

图2-6　上海经济所有制之混合所有制经济分指数

本章使用混合所有制经济固定投资金额和增加额来衡量上海混合所有制经济发展的实力。从图2-6中可以看到，混合所有制指数趋势图和经济所有制综合指数趋势也较为类似。其中，2002—2007年，上海混合所有制经济处于缓慢上升的阶段；2008—2009年，受金融危机的影响，混合所有制经济出现短暂下行；2009年之后，混合所有制经济恢复增长态势，并处于稳步上升的发展趋势。2015年，国务院发布《国务院关于国有企业发展混合所有制经济的意见》(国发〔2015〕54号)，为响应国家"深化国有企业改革，发展混合所有制经济"的号召，上海积极深化国资国企改革，加快混合所有制改革，因此，混合所有制经济在2016年之后开始进入快速增长阶段。

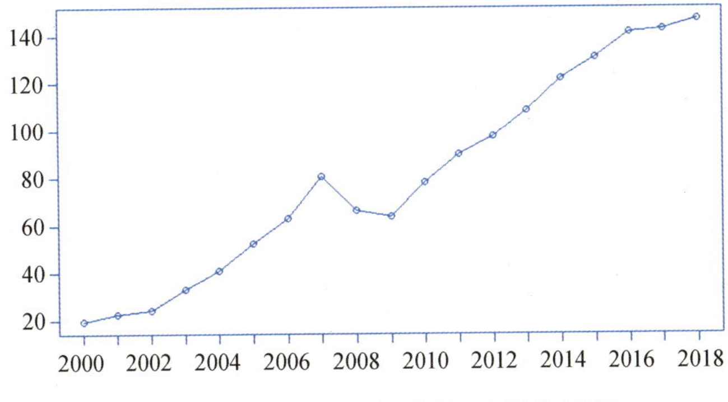

图2-7 上海基本经济制度之经济运行制综合指数

2000—2018年上海基本经济制度之经济运行制整体呈现快速上涨的变化趋势，体现上海总体经济运行基本上呈现持续上升的态势。本章将2000—2018年共19年的发展趋势分为四个阶段：缓慢发展阶段、高速发展阶段、短暂下滑阶段、平稳增长阶段。2000—2002年的上升趋势还相对较为缓慢；高速发展阶段是2003—2007年，自从中国于2001年12月11日加入WTO，上海作为中国改革开放的排头兵和创新发展的先行者，经济运行处于高速发展期；短暂下滑阶段是2008—2009年，受全球金融危机的影响，上海的金融市场、进出口贸易、商业等经济运行的各个方面都或多或少受到影响，从而带来短暂的下滑；2010—2018年是平稳增长阶段，从2010年上海举办第41届世界博览会开始，上海进入经济运行的新阶段，上海市域快速路网基本建成，其中包括龙耀路隧道、长江西路越江隧道、闵浦二桥、外滩地区综合交通改造工程、黄浦江两岸45公里岸线公共空间、四座跨江大桥景观灯光提升改造、浦东国际机场第四跑道、迪士尼乐园等，上海经济保持平稳较快发展，人民生活持续改善。

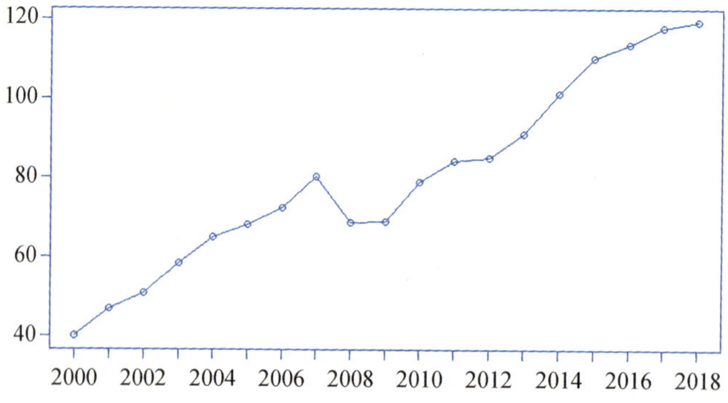

图2-8 上海经济运行制度之市场配置机制分指数

从上海经济运行制综合指数中的市场配置机制分指数趋势图可以看到，市场配置机制分指数的整体趋势与经济运行制综合指数的整体趋势一致，但是在具体年份上还存在着巨大的差异。市场配置机制主要可以分为三大阶段：快速发展阶段（2000—2007）、短暂下行阶段（2008—2009）、平稳增长阶段（2010—2018）。其中，不同于上海经济运行制度，市场经济体制在2000—2001年的趋势已经初步形成快速发展的态势，主要由于20世纪90年代浦东开发开放，数以万计的跨国公司、中外金融机构纷纷落户上海，快速带动了上海经济的飞跃。由于应对金融危机，2008年底出台了四万亿经济刺激计划，2009年大规模投放，因此，2010—2011年两年的经济有明显的增长，但是在2012年由于刺激计划之后的动性收紧，市场配置机制增长速度明显放缓。在2012年后，随着经济转型升级，上海经济进入平稳增长的阶段。

本章以“上海财政自给率”来衡量上海的财政实力。财政能力主要体现在两个方面，一是公共预算收入，二是公共预算支

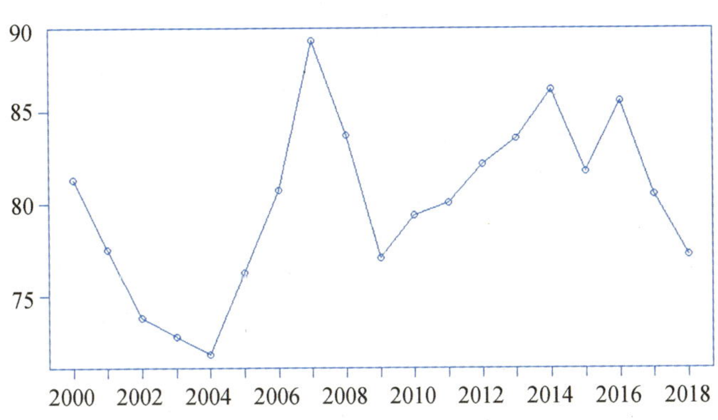

图 2–9　上海经济运行制之政府作用机制分指数

出，而“上海财政自给率”是将预算收入除以预算支出，把两方面都综合体现出来了，因此，使用“财政自给率”反映财政实力是可靠的。从上海经济运行制综合指数中的政府作用机制分指数趋势图中可以看到，上海财政自给率在均值范围上下波动。其中，2000—2004年，上海财政实力有所下跌；但是在2005—2007年，随着经济运行的高速发展，上海财政实力快速上升；由于金融危机的突然发生，2008—2009年上海财政实力又经历一个短暂下行的过程；2010年以后，四万亿经济刺激计划发生作用，到2014年上海财政能力进入平稳增长的阶段；2014年以来，随着供给侧结构改革的深入推进和经济进入转型阶段，上海财政能力进入一个波动时期。未来，经历经济结构的转型升级和经济高质量发展的持续推进，上海财政能力又将平稳向上发展。在上海经济运行制中，政府作用机制的权重相较于市场配置机制与科技创新制度都偏低，所以，上海财政能力的波动趋势较小地反映在上海基本经济制度之经济运行制综合指数趋势中。

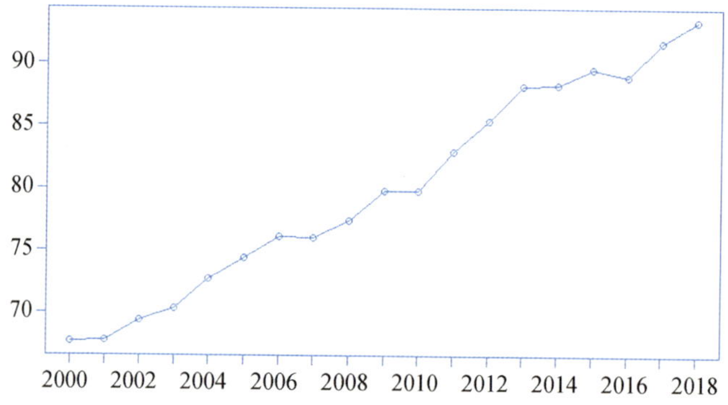

图2-10　上海经济运行制之科技创新制度分指数

不同于市场配置机制和政府作用机制的趋势，科技创新制度的趋势更加平稳向上。科技创新从两个方面来反映，一是科技投入，二是科技产出。一般来说，科技与经济具有相互作用的双向关系，经济基础提升，能够增加科技研发投入强度，科技能力提升，又反过来作用于经济发展。但是，短期的经济波动一般不会对科技投入造成巨大的影响，可以看到，2008—2009年，由于全球金融危机，经济运行综合指数与市场配置机制综合指数都有短暂的下滑，但是科技创新制度中，从上海经济运行制综合指数中的科技创新制度分指数趋势图看，2008—2009年科技创新制度分指数较为平稳，可以体现我国即使面临金融危机，依然保持科技研发的投入，也能继续保持相同水平的科技产出。只有坚持创新在我国现代化建设全局中的核心地位，把科技自立自强作为国家发展的战略支撑，才能加快实现科技强国，这也从侧面体现了我国社会主义基本经济制度的优越性。

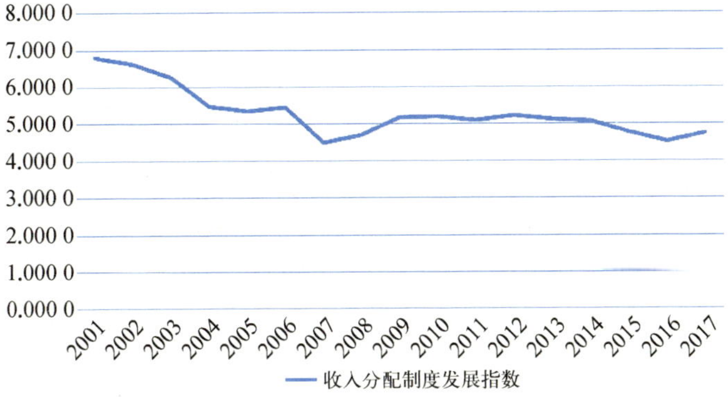

图 2-11 上海市收入分配制度发展指数

从上海市收入分配制度发展指数可以看出，上海市收入分配发展指数整体呈现下降的趋势，可以认为是因为政府逐步加大对收入分配制度改革的力度。在得到收入分配制度发展指数的同时，也要结合收入分配的结果，努力实现缩小收入差距，提高总体收入水平的目标。

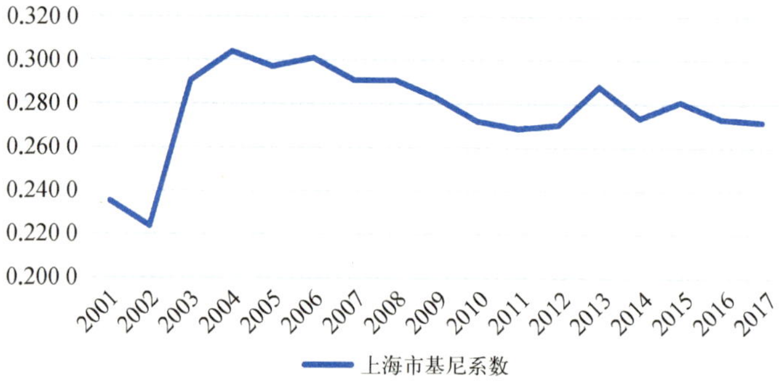

图 2-12　上海市基尼系数

根据田卫明（2012）提出的省域居民收入基尼系数测算公式可以计算出上海市的基尼系数变化图，其变化趋势大致是先上升，再逐渐趋于平稳。不难发现，随着改革开放的政策稳步实行，上海作为中国经济发展最为迅速的领头羊，面对主要问题就是收入差距的加大，所以在2002年之后基尼系数有着一个跨越式的增长。但同时，政府作为社会宏观调控者选择了正确的方向，即确立了按劳分配为主，按生产要素分配为重要方式的初次分配制度，和以税收调节为主要调控手段的再分配制度，确保收入差距不被进一步拉大。总体上是与收入分配制度发展指数所阐明的事实是一致的，这也从收入分配的结果角度说明了本章中提出的收入分配制度发展指数的有效性及真实性。

表2-1 基本经济制度所有制指标体系

一级指标	二级指标	三级指标	变量名	指标属性
基本经济制度所有制指数	公有制经济	公有制经济固定投资金额	*public_invest*	正向
		公有制经济固定资产增加额	*public_new*	正向
	私有制经济	私有制经济固定投资金额	*private_invest*	正向
		私有制经济固定资产增加额	*private_new*	正向
	混合所有制经济	混合所有制经济固定投资金额	*mixed_invest*	正向
		混合所有制经济固定资产增加额	*mixed_new*	正向

我国正处于社会主义初级阶段，实行公有制为主体、多种所有制经济共同发展的基本经济制度。在计划经济体制下，我国所有制结构基本是纯公有制结构，经济明显缺乏活力。改革开放之后，政府出台了一系列鼓励非公有制经济发展的政策措施，非公有制经济在国民经济中发挥着越来越重要的作用，经济活力逐渐释放出来。因此，在构建中国特色社会主义基本经济制度所有制指数时，本章将充分考虑到所有制形式的种类。在新时代下，从我国所有制形式来看，除了公有制经济和集体所有制经济之外，各种私有制经济和混合所有制经济也蓬勃发展起来。因此，我国基本经济制度所有制在指标构建时，应当充分考虑到所有制形式的多样性。综上所述，本章构建上海基本经济制度所有制综合评价指标，将其定为一级指标，并通过公有制经济、私有制经济和混合所有制经济三个二级指标，以及公有制经济固定资产投资金额和增加额、私有制经济固定资产投资金额和增加额、混合所有制经济固定投资金额和增加额六个三级指标，共同构成上海基本经济制度之所有制综合评价指标体系。

表 2–2 指标权重估计值

指标	public_invest	public_new	private_invest	private_new	mixed_invest	mixed_new
权重	0.157	0.139	0.175	0.182	0.175	0.168

本章在对上海基本经济制度所有制维度进行权重估计前，首先对各个指标数据进行标准化处理，在此基础上，采用主成分分析法估计六个三级指标的权重。可以看出，私有制经济固定资产增加额的权重最大，为0.182。其次是混合所有制经济固定投资金额（0.175）、私有制经济固定资产增加额（0.175）、混合所有制经济固定投资新增额（0.168）。最后是公有制经济固定投资金额（0.157）、公有制经济固定资产增加额（0.139）。三级指标权重之和为1。

表 2–3 上海基本经济制度之经济运行制度综合评价指标体系

一级指标	二级指标	三级指标	数据指标名称	单位	变量名称
上海基本经济制度运行制度综合评价指标体系	市场配置机制	市场化程度	上海市场化进程总得分	—	市场化程度（$Market_t$）
		商业自由	上海政府与市场关系得分	—	商业自由（$Govern_t$）
		投资自由	上海房地产开发投资完成额	亿元	投资自由（$Estate_t$）
		金融自由	上证所和深交所的上海总交易金额	万元	金融自由（$Trade_t$）
		贸易自由	上海货物贸易进出口总额（按境内目的地和货源地分）	万美元	贸易自由（$ImExport_t$）
	政府作用机制	财政能力	上海财政自给率	%	财政能力（$Public_t$）

（续表）

一级指标	二级指标	三级指标	数据指标名称	单位	变量名称
上海基本经济制度运行制度综合评价指标体系	科技创新制度	科技投入	上海R&D经费支出占GDP的比重	%	科技投入（$R\&D_t$）
		科技产出	上海发明专利申请受理数	件	科技产出（$Patent_t$）

数据来源：本章作者整理。

政府、市场、科技创新三者有机结合是中国特色社会主义经济运行制度的主要内容。在新时代，加快完善社会主义市场经济体制是要实现产权有效激励、要素自由流动、价格反应灵活、竞争公平有序、企业优胜劣汰。十九届五中全会强调“十四五”发展的重大任务中贯穿着五大新发展理念，即创新、协调、绿色、开放、共享。其中“坚持创新驱动发展”被放在了第一位，将创新摆在各项规划任务的首位，坚持创新在我国现代化建设全局中的核心地位，把科技自立自强作为国家发展的战略支撑。因此，在构建中国特色社会主义经济运行制度综合评价指标体系中，本研究将创新作为其中一个二级指标。

以上海为例，本章将上海基本经济制度之经济运行制综合评价指标作为一级指标，其由三个二级指标和八个三级指标构成。二级指标分别是市场配置机制、政府作用机制和科技创新制度。在三个二级指标的基础上，本章在每个二级指标下设若干个三级指标。坚持和完善社会主义基本经济制度，需要充分发挥市场在资源配置中的决定性作用，更好发挥政府作用，推动有效市场和有为政府更好结合。因此，为体现市场配置机制的决定性作用，本章在此二级指标中设五个三级指标，包含市场化程度、商业自由、投资自由、金融自由和贸易自由；而更好发挥政府作用机制，在评价指标体系的政府作用机制中，主要包含政府的财政能力；完善国家创新体系，加快建设科技强国，强化国家战略科技力量，所以科技创新制度从两个方面反映，即科技投入与科技产出。

表 2-4 权重估计值及调整值

权重	市场化程度（$Market_t$）	商业自由（$Govern_t$）	投资自由（$Estate_t$）	金融自由（$Trade_t$）	贸易自由（$ImExport_t$）	财政能力（$Public_t$）	科技投入（$R\&D_t$）	科技产出（$Patent_t$）
PCA估计值	0.201 4	−0.052 5	0.437 8	0.395 2	0.416 0	0.229 5	0.438 3	0.437 1
调整值	0.080 5	0.021 0	0.164 9	0.147 9	0.154 2	0.091 7	0.165 1	0.174 7
二级指标权重			0.568 5			0.091 7	0.339 8	

数据来源：本章作者整理计算。

在数据描述与量纲处理的基础上，这里采用因子模型与主成分分析法（谢婼青，2019）估计八个三级指标的权重（见表2-1），通过主成分分析得到权重估计值中上海政府与市场关系得分的权重是负值，这与相关系数矩阵中得到的相关系数为负数是一致的。投资自由、科技投入和科技产出的权重最大，其次是贸易自由、金融自由和财政能力，最后是市场化程度和商业自由。

虽然有“负权”的现象出现，但是商业自由的“上海政府与市场关系得分”对上海基本经济制度之经济运行制度具有一定的影响，在构建上海基本经济制度之运行制度综合评价指标体系过程中是不能或缺的。在学术领域，有少量的文献对“负权”问题有较为深入的研究。本章采用姜国麟（1996）等的最大方差权数计算方法，对主成分分析方法得到的权重估计值进行调整，最后得到调整后的权重估计值（见表2-4）。可以得到，科技产出的权重最大，为0.174 7，其次是科技投入（0.165 1）、投资自由（0.164 9）、贸易自由（0.154 2）和金融自由（0.147 9），最后是财政能力（0.091 7）、市场化程度（0.080 5）和商业自由（0.021 0）。最终获得的权重估计值总和为单位1。从权重分配的角度来看，政府作用机制（0.091 7）相较于市场配置机制（0.568 5）和科技创新制度（0.339 8）的权重较小，可以看到，上海从2000—2018年不断坚持和完善社会主义基本经济制度，充分发挥了市场在资源配置中的决定性作用，推动有效市场和有为政府更好结合，同时，上海坚持创新在现代化建设全局中的核心地位，以科技创新为支撑不断实现经济高质量发展。

表2-5 收入分配制度各类指标

一级指标	二级指标	三级指标	代表参数	变量名称
基本经济制度分配制度	初次分配制度	居民可支配收入	上海全体居民人均可支配收入（元）	x_1
基本经济制度分配制度	初次分配制度	生产要素价格（劳动、资本、土地、知识、技术、管理、数据等生产要素）	上海地区生产总值：劳动者报酬（亿元）	x_2
基本经济制度分配制度	初次分配制度	生产要素价格（劳动、资本、土地、知识、技术、管理、数据等生产要素）	上海地区生产总值：固定资产折旧（亿元）	x_3
基本经济制度分配制度	初次分配制度	生产要素价格（劳动、资本、土地、知识、技术、管理、数据等生产要素）	上海房地产开发商投资土地购置费用（亿元）	x_4

（续表）

一级指标	二级指标	三级指标	代 表 参 数	变量名称
基本经济制度分配制度	初次分配制度	生产要素价格（劳动、资本、土地、知识、技术、管理、数据等生产要素）	上海市教育机构教育经费合计（亿元）	x_5
			上海地方公共财政支出：科学技术（万元）	x_6
			城镇单位就业人员平均工资：公共管理和社会组织（元）	x_7
			上海：信息产业增加值：信息产品制造业（亿元）	x_8
	再分配调节机制	税收调节	公共财政税收收入：合计（亿元）	x_9
		社会保障调节	公共财政社会保障和就业支出（亿元）	x_{10}
		转移支付调节	上海地方公共财政转移支付资金（万元）	x_{11}
收入分配结果	收入群体结构	低收入户	上海低收入户：可支配收入（元/人）	y_1
		中低收入户	上海中低收入户：可支配收入（元/人）	y_2
		中等收入户	上海中等收入户：可支配收入（元/人）	y_3
		中高收入户	上海中高收入户：可支配收入（元/人）	y_4
		高收入户	上海高收入户：可支配收入（元/人）	y_5

基本经济制度在收入分配制度维度的测算具体到上海层面，由于数据可得性的原因，进行了适当的调整。主要包括两个一级指标和三个二级指标，以及对应的基础指标。其中一级指标分别

是基本经济制度分配制度和收入分配结果，分配制度又分为初次分配制度和再次分配制度。

在初次分配制度维度主要包括居民可支配收入和生产要素价格（劳动、资本、土地、知识、技术、管理、数据等）两个方面。再分配的手段主要有三种，其一是税收调节，是由政府对劳动者的全部所得按照不同的收入水平收取相应的税费，其主要目的是为了避免收入水平进一步拉大，本章选择了使用地方公共财政税收收入来衡量税收调节的力度；其二是社会保障调节，作为保障低劳动技能群体以及非劳动群体的社会生活的一个重要手段，其表现形式有低保、最低工资等，这些都算作政府财政支出中的社会保障部分；其三是转移支付，这一部分的目标是为各地方政府提供均等化公共服务给予资金保障。公共服务水平高低通常是以人均财政支出的多少测度的，因此以公共服务均等化为目的的财力均等化转移支付旨在使不同地区人均财政支出均等化。

在收入分配结果方面，主要是通过构建基尼系数进行考察。基尼系数描述的是按人口分布所形成的收入平均差距对收入总体期望值偏离的相对程度，它给出了反映居民之间贫富差异程度的数量界限，较为客观和直观地反映居民之间的贫富差距，预警和防止出现贫富两极分化，因此得到世界各国的广泛认同和普遍采用，是国际公认的衡量贫富差距的权威指标。

第三章
世界各国基本经济制度发展指数

表3-1　国家治理体系评价指标

<table>
<tr><th>一级指标</th><th>二级指标</th><th colspan="2">三 级 指 标</th><th>权重</th></tr>
<tr><td rowspan="7">A. 结构治理能力</td><td rowspan="4">A1. 产业结构</td><td colspan="2">A1.1. 三次产业占比</td><td>0.025 0</td></tr>
<tr><td colspan="2">A1.2. 万人专利占比</td><td>0.025 0</td></tr>
<tr><td colspan="2">A1.3. 研发占比</td><td>0.025 0</td></tr>
<tr><td colspan="2">A1.4. 互联网普及率</td><td>0.025 0</td></tr>
<tr><td rowspan="3">A2. 市场结构</td><td colspan="2">A2.1. 市场开放度</td><td>0.037 5</td></tr>
<tr><td colspan="2">A2.2. 外汇管制</td><td>0.037 5</td></tr>
<tr><td colspan="2">A2.3. 利率管制</td><td>0.037 5</td></tr>
<tr><td rowspan="4">B. 全球治理能力</td><td rowspan="2">B1. 国际政治环境</td><td colspan="2">B1.1. 公众话语权</td><td>0.062 5</td></tr>
<tr><td colspan="2">B1.2. 政府问责</td><td>0.037 5</td></tr>
<tr><td rowspan="2">B2. 国内政治环境</td><td colspan="2">B2.1. 政府效率</td><td>0.037 5</td></tr>
<tr><td colspan="2">B2.2. 政府信用</td><td>0.037 5</td></tr>
<tr><td rowspan="5">C. 公共治理能力</td><td rowspan="4">C1. 财政治理</td><td rowspan="4">公共支出</td><td>C1.1. 教育支出</td><td>0.025 0</td></tr>
<tr><td>C1.2. 研发支出</td><td>0.037 5</td></tr>
<tr><td>C1.3. 基建支出</td><td>0.037 5</td></tr>
<tr><td>C1.4. 社会保障支出</td><td>0.025 0</td></tr>
<tr><td>C2. 宏观治理</td><td>经济发展</td><td>C2.1. 贸易占比</td><td>0.062 5</td></tr>
</table>

（续表）

一级指标	二级指标	三 级 指 标		权重
C. 公共治理能力	C2. 宏观治理	经济发展	C2.2. 人均收入	0.062 5
			C2.3. 外汇储备	0.062 5
			C2.4. 金融杠杆	0.062 5
		公共环境	C2.5. 医疗卫生	0.037 5
			C2.6. 气候环境	0.025 0
			C2.7. 人文环境	0.025 0
D. 法律治理能力	D1. 法治建设	D1.1. 法治水平		0.062 5
	D2. 法治执行	D2.1. 腐败管控		0.062 5
		D2.2. 监管质量		0.062 5

本章所构建的国家治理评价体系中，一共包括四个维度，分别是结构治理能力、全球治理能力、公共治理能力和法律治理能力。其中，结构治理维度主要考察政府在规划、指定国家治理目标的能力，因此结构治理能力必须在产业结构、市场结构、现代化建设等方面建立可量化指标来衡量，如产业升级（现代化）/转型速度、新兴要素增速这样的变量来衡量治理体系的有效性（发展战略和战略有效性）。结构治理能力同时反映了政府在各部门之间的协调能力和政府的信誉度，市场对政府治理的认同、支持（蜜月效应）可以提升治理效率。全球治理维度主要衡量国际政治环境，WGI 中公众话语权与政府问责可以划分至该指标，较高的全球治理能力能够提升国家产业、经济的世界竞争力，在国际资源配置上获得更大的优势，保证国内经济与社会发展的稳定性。因此，在考核治理体系优越性时，必然需要考虑国家的国

际地位和话语权，该治理体系是否契合当时的国际竞争环境。公共治理能力主要表现在所处治理体系下，政府在资源分配（如税收）上的统筹能力与效率，如在教育、医疗、基建等领域的公共支出比重和水平，甚至是人文、生存环境等软实力的规划、建设，都会直接或间接影响到企业、经济、社会的联动发展。法律治理能力反映的是市场规则的关键维度，因为法治是完善国家治理体系的基础，依法治国的执行程度决定了国家在推行治理政策时的执行效率，WGI中的法治、腐败管控和监管质量几个指数将被合并至此，另外，还包含政府效率和政治稳定与社会安全指数中涉及管理条规、规范层面的内容。目前，关于法律治理能力的衡量指标较为有限，这也是本研究的重点研究目的之一。

从测算的结果看，公众话语权、贸易占比、人均收入、外汇储备、金融杠杆、法治水平、腐败管控、监管质量这几个指标的权重比较重要，以上几个指标的权重均等于0.062 5；其后是市场开放度、外汇管制、利率管制、政府问责、政府效率、政府信用、研发支出、基建支出、医疗卫生，这几个指标权重均等于0.037 5；最后是三次产业占比、万人专利占比、研发占比、互联网普及率、教育支出、社会保障支出、气候环境、人文环境，这几个指标的权重均为0.025 0。

表3-2 G20国家治理体系2020年评价指标总排名

排名	国家	A	B	C	D	总分
1	美国	130	167	128	111	137
2	中国	121	143	117	93	122

（续表）

排名	国家	A	B	C	D	总分
3	日本	128	113	87	86	103
4	德国	108	151	80	79	101
5	加拿大	105	137	77	77	96
6	法国	93	146	74	69	92
7	俄罗斯	78	144	76	73	91
8	英国	98	106	73	93	91
9	意大利	69	137	67	59	81
10	澳大利亚	70	123	70	58	80
11	巴西	65	126	67	52	77
12	印度	53	122	66	66	76
13	阿根廷	65	115	63	58	74
14	韩国	70	78	63	56	68
15	土耳其	54	120	52	50	66
16	南非	68	84	60	46	66
17	墨西哥	68	97	58	36	65
18	印度尼西亚	55	87	53	45	60
19	沙特阿拉伯	62	75	61	27	60

从测算的结果对全球主要国家进行排序可以发现，发达国家整体的排名比较靠前，发展中国家除了中国之外，排名都相对靠后。这在很大程度上说明了综合国力在全球治理排名中的重要性，而基本经济制度又是决定一个国家综合国力，乃至于全球治理能力的决定性制度。

进一步对国家治理能力较强的头部类型国家分结构进行分

析，从总分排名看，前五的依次是美国、中国、日本、德国和加拿大；从第一个维度的排名看，排名前五的依次是美国、日本、中国、德国、加拿大；从第二个维度的排名看，排名前五的依次是美国、德国、法国、俄罗斯、中国；从第三个维度的排名看，排名前五的依次是美国、中国、日本、德国、加拿大；从第四个维度的排名看，排名前五的依次是美国、中国、英国、日本、德国。通过以上排名可以发现，中国在第二个维度，也就是在全球治理能力上还相对薄弱，需要进一步强化。

表 3-3　全球主要国家基本经济制度指标体系

一级指标	二级指标	三 级 指 标	三级指标属性
基本经济制度发展状况	私有制经济发展状况	私营部门的国内信贷	+
		私营经济固定资产增加额	+
	公有制经济发展状况	公有部门的国内信贷	+
		公有制经济固定资产增加额	+
基本经济制度环境	政府环境	法律权利力度指数	+
		政策与制度包容性评估	+
		政府采购支出	+
		国家债务还本付息	−
	市场环境	税收负担	−
		净易货贸易条件指数	+
		股票交易总额比例	+
基本经济制度功能	经济功能	国民生产总值	+
		总储备	+
		中央政府债务占比	−
		外国直接投资流入	+

（续表）

一级指标	二级指标	三 级 指 标	三级指标属性
基本经济制度功能	经济功能	短期外债	−
	非经济功能	基尼系数	−
		人均CO_2排放量	−
		政策与制度的环境可持续性	+

本章构建的全球主要国家基本经济制度指标体系当中，基本经济制度发展状况下设两个二级指标，分别为私有制经济发展状况和公有制经济发展状况，二级指标下又分别下设两个三级指标，根据指标的代表性和可得性，我们有私营经济部门的国有信贷和私营经济固定资产增加额来代表私营经济发展状况，用公有制部门的国内信贷和公有制经济固定资产增加额代表公有制经济发展状况。一级指标中的基本经济制度发展环境指标用来表征一国基本经济制度运行面临的内部环境质量，我们在二级指标下设政府环境和市场环境两个二级指标，用以涵盖发展环境的基本要义，其中政府环境指标下设法律权利力度指数、政策和制度包容性评估、政府采购支出、国家债务还本付息，来描述政府部门对基本经济制度环境的塑造。市场环境下设税收负担、净易货贸易条件指数、股票交易总额比例三个三级指标来衡量一国基本经济制度运行面临的市场环境。基本经济制度功能用以反映一国基本经济制度运行下的绩效与成果，借鉴马立政（2017）的研究思路，我们将基本经济制度功能下设经济功能和非经济功能两个二级指标，用以全面涵盖基本经济制度的功能内涵。其中，经济功

能下设五个三级指标，分别为GDP、总储备、中央政府债务占比、外国直接投资流入和短期外债，其中GDP和总储备用来描述一国经济增长水平和财富的积累情况，中央政府债务占比用来衡量一国政府参与经济活动的力度和水平，短期外债用来衡量一国经济社会发展当中的债务风险水平。在此，与马立政（2017）的基本经济制度指标相比，本章的经济功能三级指标增加了一个外国直接投资流入，用以衡量一国经济运行对全球资本要素的吸引力。非经济功能二级指标下设基尼系数用以衡量一国收入分配格局的合理性和收入分配差距水平，人均CO_2排放量用以衡量一国经济社会发展过程中对环境造成的负面影响，政府制度和环境的可持续性指标用以衡量政府的系列决策和措施对经济社会以及环境发展的可持续性影响等。

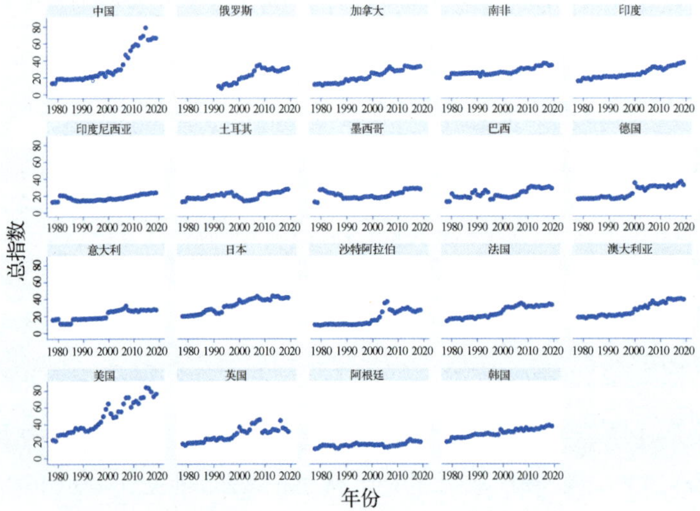

图3-1 主要国家基本经济制度总指数散点图（1980—2020）

主要国家基本经济制度总指数散点图展示了各国基本经济制度指数的得分及其变动趋势情况，从图中可见，中国和美国的基本经济制度指数得分相对于其他国家明显偏高，且从变化趋势上来看，中国的基本经济制度指数在2000年之后开始呈快速增长态势，表明我国的基本经济制度在加快完善和进步。美国的基本经济制度指数也呈显著的逐年递增态势，但是其在近年来的基本经济制度指数得分呈现出在震荡中上升的态势，且在2016年之后，美国的基本经济制度指数得分呈阶段性下降态势，这很可能与美国政府的一系列政策措施密切相关。其他国家的基本经济制度指数得分基本都在45分以下，与中美两国存在较为显著的差距。从发展趋势来看，俄罗斯的基本经济制度指数在2000—2010年间呈逐年递增态势，尽管增长速度不是很快；从2010年开始，俄罗斯的基本经济制度指数得分增速放缓，且开始呈现缓慢下降的态势。英国的基本经济制度指数在2000年之前呈显

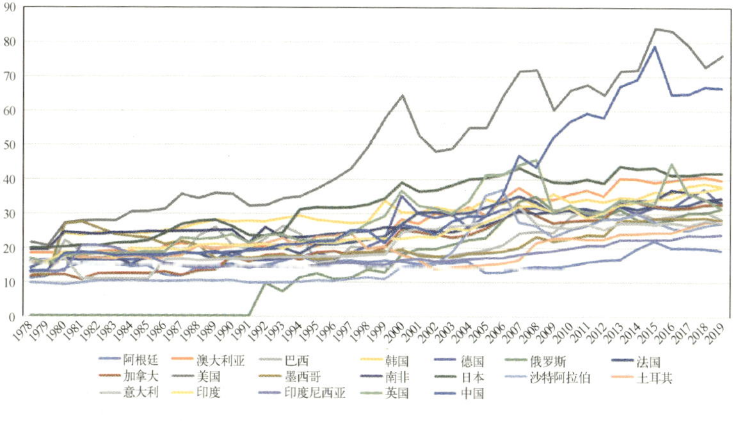

图3-2 主要国家基本经济制度总指数折线图（1978—2019）

著的上升态势，但是在2000年之后，英国的基本经济制度指数开始呈现震荡曲折发展态势，且在2010年之后有较大幅度的下滑。沙特阿拉伯的基本经济制度指数在2000年前基本保持平稳状态，2000年之后开始呈现显著增长态势。墨西哥的基本经济制度指数在1990年前呈显著下降趋势，在1990年之后开始逐年上升。

从19个被测算国家的基本经济制度指数得分水平及其变动趋势来看，中国和美国在基本经济制度方面较其他国家有显著比较优势，但是美国在2017年后，其基本经济制度指标得分开始出现震荡。其余国家的基本经济制度指数得分与中美两国相比存在显著差距，但是大部分基本都呈现缓慢的逐年上升趋势，而俄罗斯的指数震荡幅度比较明显。

表3-4 主要国家基本经济制度二级指标：
基本经济制度发展状况（2001—2019）

年份	阿根廷	澳大利亚	巴西	韩国	德国	俄罗斯	法国	加拿大	美国	墨西哥
2001	5.49	45.70	7.64	55.15	29.62	22.95	20.29	32.09	65.12	22.11
2002	4.04	47.69	7.81	57.61	29.36	21.79	20.05	31.16	62.18	21.15
2003	2.84	51.83	7.30	57.56	28.97	23.19	19.91	29.95	66.26	21.29
2004	2.55	53.61	7.74	55.95	28.05	24.17	20.19	30.53	69.27	21.79
2005	2.81	55.41	8.39	56.81	27.79	22.29	21.12	32.16	71.09	22.10
2006	3.14	57.49	9.34	60.24	26.90	24.48	22.20	35.45	73.65	23.77
2007	3.45	58.82	10.72	61.81	25.60	28.25	23.40	32.64	74.63	24.76
2008	3.25	59.76	12.06	65.78	25.56	33.20	24.38	32.78	67.15	24.83
2009	3.27	59.05	12.52	63.29	26.03	35.94	25.05	34.21	63.84	23.79
2010	3.34	58.27	13.90	61.82	23.32	33.16	25.27	33.88	63.57	23.76

（续表）

年份	阿根廷	澳大利亚	巴西	韩国	德国	俄罗斯	法国	加拿大	美国	墨西哥
2011	3.69	56.78	15.31	62.68	22.37	10.99	25.52	33.32	62.04	25.37
2012	4.01	58.17	16.48	61.76	22.09	11.57	25.44	34.10	63.17	27.01
2013	4.14	59.98	16.93	60.67	21.63	12.66	25.30	34.18	66.06	26.22
2014	3.64	59.98	17.40	61.82	20.90	14.45	24.79	33.99	66.98	26.32
2015	3.80	61.34	17.61	62.03	20.56	14.74	25.06	34.22	66.27	29.24
2016	3.60	61.87	16.38	63.41	20.42	13.99	25.66	34.47	67.84	30.33
2017	4.21	59.44	15.68	65.84	20.59	13.72	26.71	34.43	70.69	30.31
2018	3.91	59.48	16.13	65.83	20.73	13.40	27.51	34.55	68.57	30.07
2019	4.12	57.37	16.80	67.38	21.21	13.80	28.37	34.73	72.52	29.73

年份	南非	日本	沙特阿拉伯	土耳其	意大利	印度	印度尼西亚	英国	中国
2001	50.92	69.51	7.14	0.00	15.9	32.76	0.00	31.75	29.00
2002	43.16	67.61	7.63	0.00	16.35	32.15	0.00	32.93	30.96
2003	45.22	67.45	7.44	0.00	17.22	31.85	0.00	34.19	33.12
2004	48.67	65.84	8.53	0.00	17.85	35.51	0.00	36.21	31.26
2005	52.57	66.22	9.33	0.00	18.67	38.37	0.00	37.78	29.47
2006	59.14	66.03	8.89	0.00	19.97	39.62	0.00	40.53	28.77
2007	61.33	63.83	9.77	0.00	21.56	42.38	0.00	44.74	27.88
2008	58.88	63.25	9.93	8.87	22.05	41.62	0.00	50.5	26.88
2009	58.56	62.73	12.02	9.84	23.08	40.60	7.29	50.75	32.78
2010	57.45	60.05	10.32	11.77	24.52	41.11	7.18	48.85	33.36
2011	54.84	60.70	8.99	13.02	24.79	43.26	7.93	44.97	32.44
2012	56.61	61.34	9.58	13.76	24.71	42.80	8.81	42.40	33.97
2013	58.43	62.75	10.60	16.00	23.94	40.49	9.50	39.39	35.40
2014	58.78	63.48	11.67	16.81	23.35	39.12	9.60	35.72	36.96

（续表）

年份	南非	日本	沙特阿拉伯	土耳其	意大利	印度	印度尼西亚	英国	中国
2015	57.41	62.94	14.74	17.61	23.02	37.13	10.31	34.48	40.21
2016	55.73	43.17	15.31	18.41	22.38	36.39	10.38	34.81	41.17
2017	56.07	44.45	14.22	18.67	21.29	36.37	10.21	35.3	40.82
2018	53.33	44.64	16.58	17.93	20.28	37.35	10.23	35.44	41.59
2019	53.51	46.04	17.29	17.38	19.61	36.41	9.95	35.23	43.39

从全球主要国家基本经济制度发展状况结果可见，中国的基本经济制度发展状况指标得分由2001年的29.00分上升至2019年的43.39分，这段时间中国的民营经济和国有经济呈现快速增长态势，党和国家根据经济社会发展涌现出的新需求和新特征，不断完善和发展中国特色社会主义基本经济制度。从其他国家的基本经济制度发展状况指标得分情况来看，阿根廷、巴西、沙特阿拉伯、土耳其和印度尼西亚的基本经济制度指标得分总体较低，在2001年的基本经济制度发展状况指标得分低于10分，从发展趋势来看，阿根廷的基本经济制度发展状况指标得分并未呈显著的上升态势，而是呈现震荡下降的态势；巴西和阿根廷同为南美洲国家，其基本经济制度发展状况指标得分虽然在2001年较低，但是近年来一直呈显著逐年上升态势。韩国、美国、南非、日本和英国的基本经济制度发展状况指标得分总体较高，这部分国家都为发达国家，经济发展水平较高，基本经济制度较为完善，其中美国在所有国家中的基本经济制度发展状况指标得分水平最高。

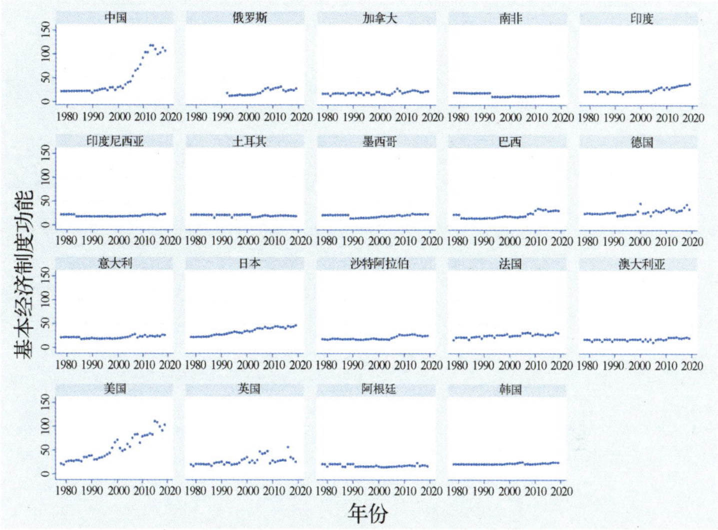

图 3-3　主要国家基本经济制度功能指数散点图（1980—2020）

由全球主要国家基本经济制度功能指数散点图可见，中国的基本经济制度功能指标得分在2005年之前增长较为缓慢，在2005年之后开始呈现快速增长态势，表明从2005年开始，中国的基本经济制度对我国的经济发展、环境保护和社会进步等各个方面的推动作用开始更加凸显，我国的基本经济制度越来越适应社会生产力的发展，最终推动了生产力的不断进步。从全球其他国家的基本经济制度功能指标得分情况来看，处于显著上升态势的国家主要有美国、日本和印度，其中美国的增长态势更为显著，日本和印度呈现缓慢上升的态势。其他国家的基本经济制度功能指标得分趋势不明朗，大部分国家呈平缓趋势，其中俄罗斯的基本经济制度功能指标得分在2013年还出现一个稍显断崖式的下滑。如何探索适合本国基本国情的基本经济制度，以有力推

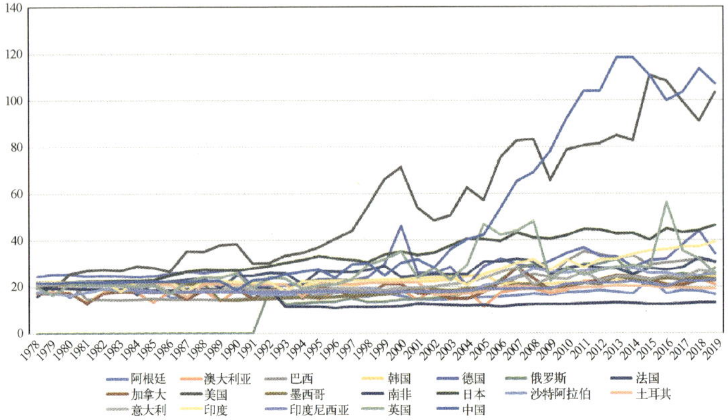

图 3-4　全球主要国家基本经济制度功能得分折线图

动本国经济社会的全面快速发展，仍然是各国面临的主要任务和难题。

从19个被测算国家的基本经济制度功能得分水平及其变动趋势来看，中国和美国在基本经济制度功能方面较其他国家有显著比较优势，但是美国在2017年后，其基本经济制度功能指标得分也同样开始出现震荡。其他国家的基本经济制度功能指数得分与中美两国相比存在显著差距，但是大部分基本都呈现缓慢的逐年上升趋势，并且英国的指数震荡幅度比较明显。

全球主要国家的基本经济制度环境指标得分情况与基本经济制度发展状况和基本经济制度功能指标的得分变动趋势相比，基本经济制度环境指标得分变动更为曲折和动荡，并未如其他分项指标那样平滑，这也表明一国基本经济制度发展环境受国内外环境因素的影响，其变动幅度和各种冲击往往比较多，更好地顺应国内外的经济社会发展环境趋势，把握环境中的机遇，规避环境

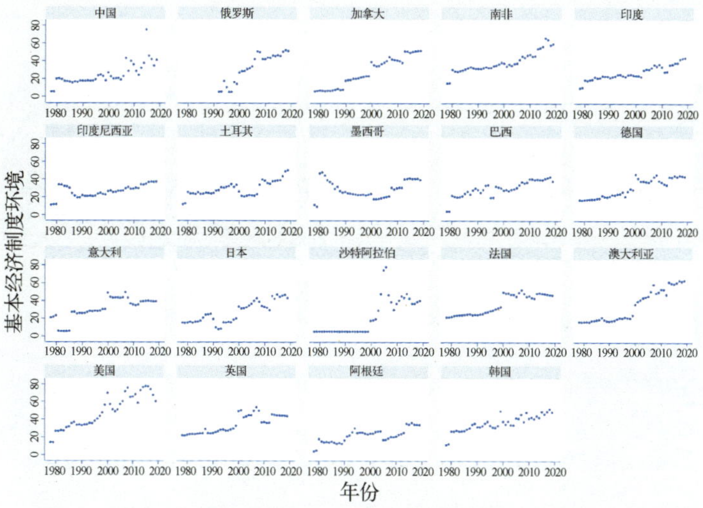

图3-5 全球各国基本经济制度环境指标得分示意图

变化过程中带来的挑战，将是一国保证自身基本经济制度平稳发展的重要前提条件。从具体国家来看，中国的基本经济制度发展环境在2008年之前基本保持平滑的发展态势，但是在2008年全球金融危机之后，中国的基本经济制度发展环境指标得分开始出现显著波动，且从2016年起，发展环境指标得分呈现阶段性下降。从其他国家来看，俄罗斯、加拿大、南非、印度、韩国、澳大利亚、巴西和德国的基本经济制度环境指标得分呈现显著的较为连续的增长态势，印度尼西亚和墨西哥的基本经济制度环境指标得分呈现先降后增的态势，土耳其、意大利、日本、沙特阿拉伯、阿根廷和英国的基本经济制度环境指标得分呈现震荡上升态势，即上述国家的基本经济制度环境指标得分存在阶段性的波动。美国和韩国的基本经济制度环境指标得分总体呈上升态势。

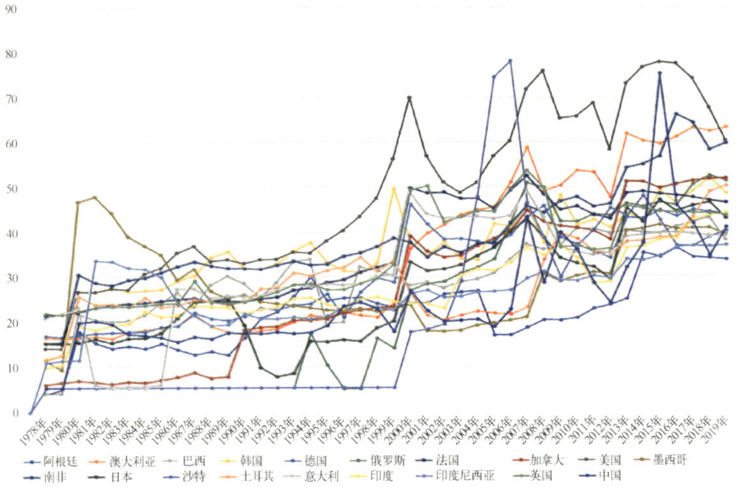

图 3-6　全球各国基本经济制度环境指标得分折线图

从19个被测算国家的基本经济制度环境得分水平及其变动趋势来看，美国在基本经济制度环境方面较其他国家有显著比较优势，但是美国在2017年后，其基本经济制度环境指标得分也同样开始出现震荡。其他国家的基本经济制度环境指数得分与中美两国相比存在显著差距，与其他两个指标不同的是大部分基本都呈现大幅波动上升的趋势，这与制度环境容易受到国际环境影响有很大关系。

下　编

基本经济制度发展指数研究

第四章
中国基本经济制度发展指数

一、报告总评

习近平总书记在2020年经济社会领域专家座谈会上的讲话中提出，“改革开放以来，我们及时总结新的生动实践，不断推进理论创新，在发展理念、所有制、分配体制、政府职能、市场机制、宏观调控、产业结构、企业治理结构、民生保障、社会治理等重大问题上提出了许多重要论断”。[1]其中，就包括基本经济制度理论。可以说，中国特色社会主义基本经济制度是马克思主义政治经济学在中国的继承、发展和创新，是中国特色社会主义理论的重大理论成果的有机组成部分。改革开放以来，中国特色社会主义基本经济制度不断演进，从最早的“一大二公”逐步演进为坚持公有制为主体、多种所有制经济共同发展的基本经济制度，到十九届四中全会，基于中国社会主义伟人实践以及理论创

1　习近平：《在经济社会领域专家座谈会上的讲话》，新华社，2008年8月24日。

新，对基本经济制度的内涵进行了丰富和拓展，形成了主要以所有制、收入分配制度和社会主义市场经济三个维度组成的基本经济制度体系。那么，如何科学认知基本经济制度的变迁？如何对基本经济制度的变迁以及基本经济制度本身进行实证研究？成为验证基本经济制度科学性的关键，也是继续坚持和完善中国特色社会主义基本经济制度的关键。

本章就是沿着这些问题，基于中国特色社会主义基本经济制度的历史、实践和理论进行深入研究，重点对中国特色社会主义基本经济制度进行实证分析。通过实证分析致力于解释以下几个关键问题：第一，十九届四中全会对中国特色社会主义基本经济制度内涵拓展为所有制、收入分配制度和社会主义市场经济三个维度的现实基础和理论基础是什么？第二，中国特色社会主义基本经济制度的整体情况怎样？如何进行科学的指数化分析？第三，如何从对中国特色社会主义基本经济制度综合评价的维度认知公有制经济的主体地位？第四，如何对中国特色社会主义基本经济制度的不同维度进行综合评价，不同维度之间的关系是什么？第五，通过以上的实证分析，如何更好坚持和完善中国特色社会主义基本经济制度？

整体而言，对中国特色社会主义基本经济制度的理论研究已经相对充分，但对中国特色社会主义基本经济制度的实证研究，特别是对中国特色社会主义基本经济制度的综合评价研究还相对比较滞后。李成瑞（1996）就提出要搞好社会主义市场经济条件下的统计，既要研究传统计划经济条件下统计的特点，又要掌握与资本主义市场经济条件下统计的区别。为了及时、准确、系统地反映社会主义市场经济发展过程中有关社会主义基本经济制度、政治制度和精神文明建设的新情况，以利于掌握所有制、分配制度等方面量变临近质变的“度”及其新变化，需要进一步完善我国国民经济核算体系、统计指标体系、调查方法体系和分析方法体系。

一直以来，对中国特色社会主义基本经济制度的实证研究往往聚焦于“所有制”层面，特别是针对公有制为主体的测算。比如：赵华荃（2006）认为公有制为主体的基本经济制度促进了生产力的发展。当前存在的突出问题是：截至2005年，在社会总资产中，国有资产比重下降为48.8%，非公有制资产比重上升到50.9%；国有经济起主导作用，但并不巩固。何干强（2012）认为只有通过资本的物的形态（或资本的价值形态），用反映人与人在生产中的社会关系形态的统计指标，才能直接反映出所有制结构的本质关系。从这个观点来看，只有在第二、第三产业中的国有经济、集体经济中的从业人员占从业人员总数的比重不低于50%，才能说公有制经济占主体地位。裴长洪（2014）以不同生产资料所有制的经营性资产价值量作为衡量主次地位的边界标准，估算第一产业公有制与非公有制的资产规模及其比重变化，并在前人估算的基础上，延伸估算第二和第三产业两种所有制的资产规模及其比重变化。结果发现：截至2012年，中国三次产业经营性总资产约为487.53万亿元，其中公有制经济的资产规模是258.39万亿元，约占53%；第二、三产业非公有制经济占增加值和就业规模的比重分别为67.59%和75.20%。结果表明，公有制资产仍占主体，非公有制经济贡献占优，中国社会主义基本经济制度充满活力。

也有一些学者对收入分配制度指标体系进行了研究，比如：许海平、宋树仁（2011）试图从公平和效率两个方面，就劳动收入分配、发展成果共享、层际分配、产出和投入五个层面的有机整合为切入点，并结合我国具有城乡二元结构等实际情况，初步构建我国居民收入分配和谐度指标体系，为我国政府的相关部门解决居民收入差距提供决策参考和分析框架。柯希嘉（2015）依据完整的研究指标体系和严谨的指数编制方法进行中国职工收入分配指数的编制工作，进而形成能够较为全面反映职工收入分配状况的中国职工收入分配指数。中国职工收入分配指数一方面可以通过对历史数据的比较来研究中国职工收入分配状况的整体趋势，另一方面可以通过对当前中国收入分配状况进行结构分析，掌握职工收入分配的结构性变化，并为进一步研究和制定相关政策法规奠定科学的数据基础。孙敬水、赵倩倩（2017）界定了收入分配公平的内涵，从初次分配公平和再分配公平两大方面构建了分配公平评价指标体系，提出了分配公平的测度方法，基于1985—2013年东中西部地区面板数据，对中国收入分配公平程度进行综合评价与比较分析。研究结果表明：我国收入分配总体上处于相对公平状态，并且呈现良好趋势。其中初次分配处于比较公平状态，再分配处于相对公平状态，初次分配公平度大于再分配公平度。王阳、谭永生、李璐（2019）通过构建包含初次分配效率、初次分配公平和其他分配公平等三个评价维度及20项评价指标的体现效率、促进公平的收入分配评价指标体系，运用逐级等权法确定指标权重，发现2007—2016年我国体现效率、促进公平的收入分配状态指数值稳步上升，但到2017年指数值又出现下降。比较三个评价维度的贡献发现，效率与公平的作用已经发生变化：一是从效率为重向公平为重转变；二是从初次分配公平为重向初次与其他分配公平并重转变。

然而由于当时中国特色社会主义基本经济制度理论还没有实现三位一体的理论框架，进而以上研究与中国特色社会主义基本经济制度存在部分理论脱节，需要进一步进行完善。同时，马立政、彭双艳、李正图（2017）认为任何经济体的制度体系都可细分为基本经济制度与非基本经济制度两个子体系。基本经济制度体系既决定整个经济制度体系也决定非基本经济制度体系。因此，把握基本经济制度体系的状况尤其重要。既然如此，如何衡量基本经济制度体系是了解基本经济制度体系发展状况及基本经济制度体系在整个经济制度体系中地位、功能和作用的关键。并试图从发展状况、环境与功能三个维度构建基本经济制度的指标体系，进而构建基本经济制度指数，以观测基本经济制度演进趋势及其客观规律。但该指标体系也并未精准对接所有制、收入分配制度和社会主义市场经济的三个维度，也需要进一步完善。

本章就是在以上研究的基础上，重点结合中共中央第十九届四中全会的理论创新，进一步完善中国特色社会主义基本经济指标体系，构建中国特色社会主义基本经济制度发展指数，对其进行更加科学的综合评价。

二、中国基本经济制度指标体系分析与构建

本章在构建中国特色社会主义基本经济制度指标体系的过程

中，遵循指标体系构建的一般原则，致力于以科学的方法对基本经济制度的演进进行综合评价。本指标体系主要从以下几个方面进行推进。

（一）基于基本经济制度理论框架构建综合评价指标体系

中国特色社会主义基本经济制度的理论是不断完善的理论，一直到十九届四中全会，基本经济制度体系才得以形成。为了更好描述中国特色社会主义基本经济制度，应该准确把握中国基本经济制度发展的现实。改革开放以来，中国基本经济制度理论从无到有，经历了从所有制单维度的基本经济制度转向为所有制、收入分配制度和社会主义市场经济三位一体的基本经济制度体系。从中国经济发展的历程可以发现，改革开放打破了原有的公有制经济一统天下的基本经济制度模式，通过改革公有经济，发展集体经济、民营经济，引进外资经济，进而逐步推进混合所有

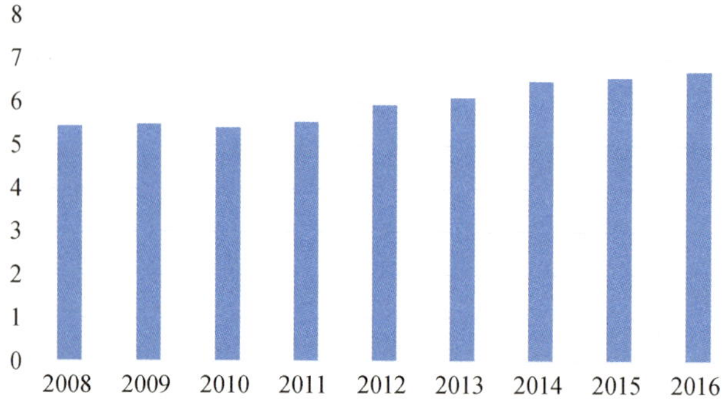

图 4-1　我国市场化程度指数（2008—2016）[1]

1　相关数据源自樊纲、王小鲁编写的《中国市场化指数》。

制经济等等，形成了以公有制为主体、多种所有制经济共同发展的基本经济制度。

值得注意的是，伴随着所有制经济的改革与发展，社会主义市场经济不断完善。基于国内权威的《中国市场化指数》所发布的指数显示，近年来，中国市场化程度稳中有升。这在很大程度上可以说明，社会主义市场经济不断完善。党的十四大就提出“发挥市场在资源配置中的基础性作用”，党的十五大和十六大进一步突出了市场的作用，明确提出“进一步加强市场在资源配置中的作用”，党的十八届三中全会进一步发展为“使市场在资源配置中起决定性作用和更好发挥政府作用”，由此，进一步从制度层面为社会主义市场经济资源配置提供了保障。

随着社会主义市场经济的不断完善，公有制经济与社会主义市场经济有机融合起来，不同所有制经济作为社会主义市场经济的发展主体，不断得到发展壮大。

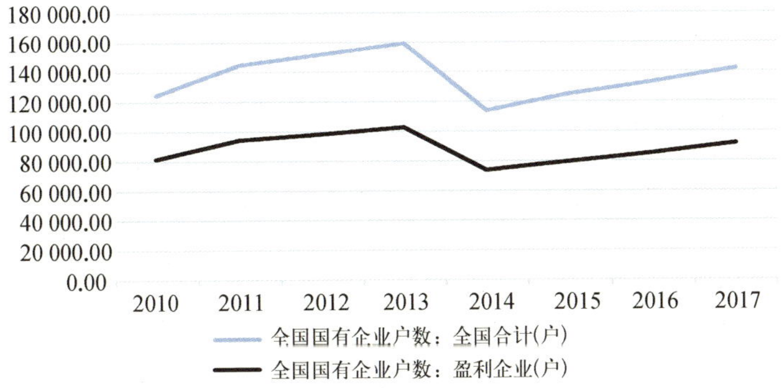

图4-2　我国国有企业发展概况（2010—2017）[1]

1　相关数据整理自wind数据库。

近年来，中国国有企业资产总量稳中有升，国有企业数量整体稳定在10万户（全国合计），特别是自国有企业改革以来，中国国有企业的盈利竞争力不断提升，虽然国有企业个数和盈利企业个数稍有波动，但是整体盈利已经占60%以上。根据《国务院关于2019年度国有资产管理情况的综合报告》，截至2019年底，全国国有企业（不含金融企业）资产总额233.9万亿元、负债总额149.8万亿元、国有资本权益64.9万亿元。全国国有金融企业资产总额293.2万亿元、负债总额262.5万亿元，形成国有资产20.1万亿元。全国行政事业性国有资产总额37.7万亿元、负债总额10.7万亿元、净资产27.0万亿元。以国有企业为主力军的公有制经济成为中国经济发展的中流砥柱。

与此同时，民营经济快速发展，当前50%以上的税收、60%以上的GDP、70%以上的农村转移劳动力、80%的城镇就业岗位以及90%的新增就业，这些成绩都是民营经济贡献的。在世界500强企业中，我国民营企业由2010年的一家增加到2018年的28家。习近平在民营企业座谈会上指出，我国民营经济已经成为推动我国发展不可或缺的力量，成为创业就业的主要领域、技术创新的重要主体、国家税收的重要来源，为我国社会主义市场经济发展、政府职能转变、农村富余劳动力转移、国际市场开拓等发挥了重要作用。随着社会主义市场经济的不断完善，市场在资源配置中的决定性作用突出，也更好地发挥了政府的作用，中国的各类市场主体整体得到了长足发展。

随着中国改革开放的推进和社会主义市场经济的完善，中国不同所有制经济都得到了长足发展。为了对中国不同所有制经济

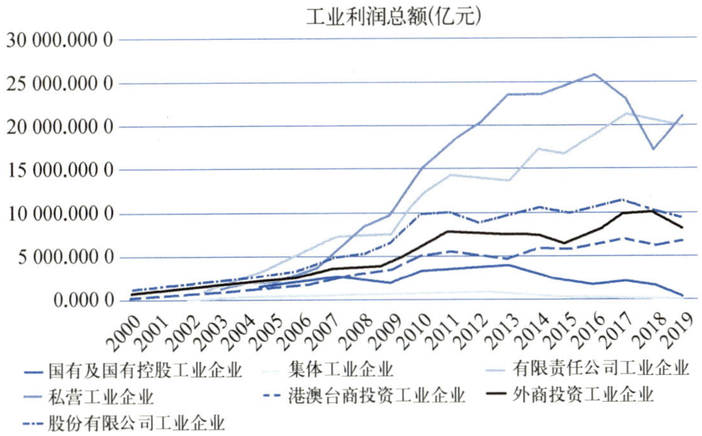

图4-3 我国不同所有制经济利润发展概况（2000—2019）

进行客观比较，本章选取工业领域内不同所有制经济对应主体的利润总额进行分析。近年来，工业领域中私营工业、有限责任公司工业、外商投资工业、股份制有限公司工业等企业的发展突飞猛进。当然，随着国民经济的发展，我国第三产业占比越来越重，这里之所以选取工业进行分析主要是因为工业更能体现出一国经济中实体经济的分量，能够体现该国经济竞争力，进而彰显该国的基本经济制度优势。[1]

以2019年工业领域不同所有制经济利润分布的情况看，我国不同所有制经济已经从改革开放前的“一大二公”逐步演变至不同所有制经济共同发展。从整体看，这一方面体现了基本经济制度在工业领域的贯彻，另一方面也证明了混合所有制（其中的

1 也正是因为工业数据不但完全代表一国的经济发展水平，在构建基本经济制度指标体系时，基础指标的选取依然考虑以全口径数据为重要标准。

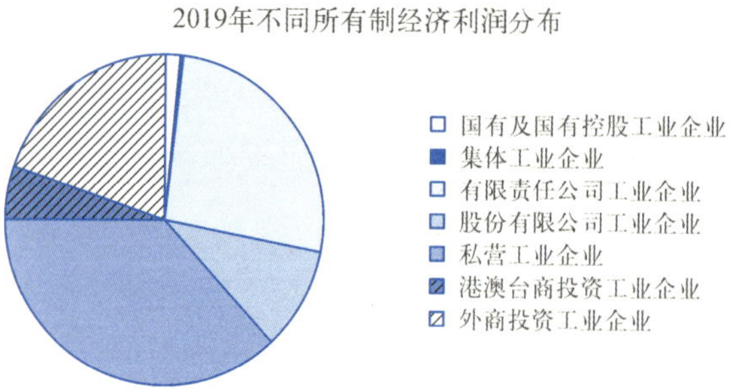

图 4-4　我国不同所有制经济利润分布概况（2019）

一种形式）在我国成为基本经济制度实现形成的必然性。当然，从不同所有制经济工业利润这个维度还不能清晰得到公有制经济占主体这一重要结论，相关论证将在下文进行详细分析。

随着不同所有制经济共同发展和社会主义市场经济逐步完善，我国居民收入水平显著提升。根据国家统计局数据显示，截至2019年，我国国民可支配总收入已经超过98万亿元人民币，是改革开放初期的185倍（基于1982年数据）。

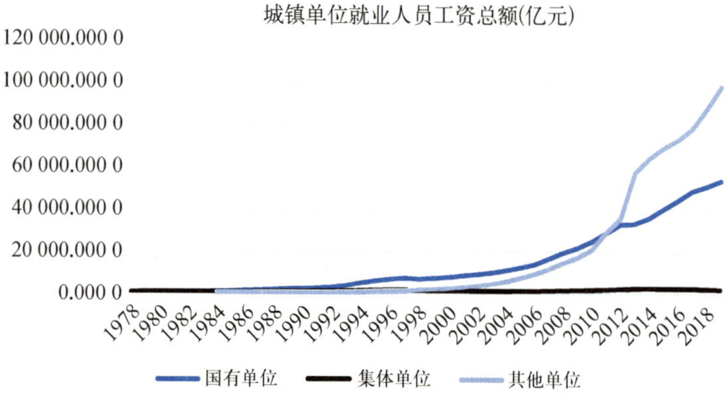

图 4-5　我国不同所有制经济城镇单位就业人员工资概况（1978—2018）

1978—2019年，我国不同所有制经济市场主体中的就业人员的收入水平显著提升，以国有单位、集体单位和其他单位城镇单位就业人员工资总额的演进趋势可以发现，一方面不同所有制经济收入水平都有所提升，另一方面不同所有制经济的收入提升水平差异较大。其中，在2011年之前，国有企业就业人员的收入最高，自2012年及以后，其他单位就业人员的工资水平最高。这里分析的仅仅是城镇就业情况，如果从全国通盘考虑的话，随着国民收入水平的提升，收入分配的结构性特征愈加突出。近年来，虽然中国收入分配的整体结构在不断优化，但是综观当前全球典型国家的收入分配情况可以发现，中国的收入分配层面的挑战依然艰巨。

表4-1 全球典型国家、地区基尼系数概况（2008—2019）

年份	中国	美国	欧盟	德国	法国	荷兰	英国	芬兰	冰岛	挪威	丹麦	瑞典
2008	0.491	0.47	0.31	0.30	0.30	0.28	0.34	0.26	0.27	0.25	0.25	0.25
2009	0.490	0.47	0.31	0.29	0.30	0.27	0.32	0.26	0.30	0.24	0.27	0.26
2010	0.481	0.47	0.31	0.29	0.30	0.26	0.33	0.25	0.26	0.24	0.27	0.26
2011	0.477	0.48	0.31	0.29	0.31	0.26	0.33	0.26	0.24	0.23	0.27	0.26
2012	0.474	0.48	0.31	0.28	0.31	0.25	0.31	0.26	0.24	0.23	0.27	0.26
2013	0.473	0.48	0.31	0.30	0.30	0.25	0.30	0.25	0.24	0.23	0.27	0.26
2014	0.469	0.48	0.31	0.31	0.29	0.26	0.32	0.26	0.23	0.24	0.28	0.27
2015	0.462	0.48	0.31	0.30	0.29	0.27	0.32	0.25	0.25	0.24	0.27	0.27
2016	0.465	0.48	0.31	0.30	0.29	0.27	0.32	0.25	0.24	0.25	0.28	0.28
2017	0.467	0.49	0.31	0.29	0.29	0.27	0.33	0.25	0.25	0.26	0.28	0.28
2018	0.468	0.49	0.31	0.31	0.29	0.27	0.34	0.26	—	0.25	0.28	0.27
2019	0.465	0.48	0.31	0.30	—	0.27	—	0.26	—	0.25	0.28	0.28

从纵向看，2008—2019年，中国基尼系数不断下降，全国层面收入分配状况不断改善。从横向看，在全球典型国家或地区中，中国的收入分配状况依然排名靠后，收入分配差距还不小。特别是改革开放以来，虽然生产力不断解放和发展，但是共同富裕的目标依然面临不小挑战。

基于以上分析可以发现，改革开放以来，中国经济不断发展，所有制、收入分配和社会主义市场经济三个维度的协同性和相关性必然越来越强，这是经济发展的自然结果，但也迫切需要相关的实证研究进行佐证。为此，本章将基本经济制度指标体系进一步完善为三个子体系，即基本经济制度的所有制指标体系、基本经济制度的收入分配指标体系、基本经济制度的社会主义市场经济指标体系，同时，这三个维度分别对应各自的子体系。

（二）中国基本经济制度指标体系的构建

在准确构建基本经济制度指标体系的过程中，科学的指标体系起到了关键性的作用。

我们主要从三个方面对基本经济制度指标体系进行刻画：基本经济制度的所有制维度、基本经济制度的收入分配维度、基本经济制度的社会主义市场经济维度，这三方面指数对应着整个指标体系中的一级指标。

表4-2 中国基本经济制度指标体系

一级指标	二级指标	三级指标	三级指标属性
所有制	公有制经济	公有制经济固定投资金额	正向
		公有制经济当年资产增加额	正向
	私有制经济	私有制经济固定投资金额	正向
		私有制经济当年资产增加额	正向
	混合所有制经济	混合所有制经济固定投资金额	正向
		混合所有制经济当年资产增加额	正向
收入分配	一次分配	国有企业就业人员平均工资	正向
		城镇集体企业就业人员平均工资	正向
		其他企业就业人员平均工资	正向
	调节机制	基尼系数	负向
		税收调节	适应性
		社会保障和就业调节（本级公共财政支出+地方公共财政支出）	正向
		中央对地方税收返还和转移支付调节	正向
	第三次调节	捐赠收入调节	正向
社会主义市场经济	市场机制	市场化程度	正向
		商业自由	正向
		劳动力自由	正向
		金融自由	正向
		贸易自由	正向
		投资自由	正向
		经济自由	正向
	政府机制	财政能力	正向
		政府效率	正向
		监管质量	正向
		法治	正向

（续表）

一级指标	二级指标	三 级 指 标	三级指标属性
社会主义市场经济	创新机制	全球创新指数	正向
		高新技术产品出口比	正向
		研发效率（专利数除以RD）	正向

在构建指标体系的过程中，一共涉及三级指标，其中一级指标中的基本经济制度所有制指数是由公有制经济指数、私有制经济指数和混合所有制经济指数三个二级指标构成。基本经济制度的所有制就是公有制经济指数、私有制经济指数和混合所有制经济共同发展和耦合的过程，通过两级指标在构成一级指标过程中的不同权重，不仅仅可以量化分析公有制经济与非公有制经济的总量情况，还可以很好地量化分析不同所有制经济的结构效应。

一级指标中的基本经济制度收入分配指数是由一次分配、调节机制以及包括第三次收入分配多对应的指数所构成的。中国的收入分配制度是按劳分配为主，多种分配方式并存，其中第一次分配是按劳分配，更加注重效率，二次分配更加注重公平。2019年党的十九届四中全会进一步提出，要注重第三次分配，发展慈善等社会公益事业。社会主义收入分配制度作为基本经济制度的有机组成部分，进一步体现了收入分配在经济高质量发展中的重要作用。因为，社会主义分配制度既有利于鼓励先进，促进效率，最大限度激发活力，又有利于防止两极分化，逐步实现共同富裕，使人民群众共享改革发展成果。[1]

一级指标中的基本经济制度社会主义市场经济指数是由政府机制指数、市场机制指数和创新机制指数三个二级指标构成。社会主义市场经济与传统的市场经济相比，既体现市场在资源配置中的决定性作用，又更好地发挥了政府作用。从资源配置的视角看，政府机制和市场机制都起到了重要的作用。与此同时，党的十九届四中全会进一步强调了完善科技创新体制机制。我们认为，社会主义市场经济体制中，创新机制在资源配置的过程中也具有重要作用，正如《决议》中所强调的“构建社会主义市场经济条件下关键核心技术攻关新型举国体制”。同时，创新机制对于创新要素的配置、产业基础能力和产业链现代化水平都十分重要。为此，我们进一步在政府和市场的基础上纳入了创新机制，形成政府、市场和创新三位一体的社会主义市场经济体制。

三、中国基本经济制度发展指数整体分析

基于以上分析，本章进行基本经济制度的整体分析，为充分把握中国基本经济制度的演进提供实证参考，为更好坚持和完善中国基本经济制度提供对应的实证基础。

（一）中国基本经济制度内涵拓展的现实基础

本章基于十九届四中全会对于基本经济制度内涵的丰富和拓

1　刘鹤：《坚持和完善社会主义基本经济制度》，《人民日报》2019年11月22日。

展，对基本经济制度进行深入的实证研究。本研究试图解决的一个重要问题就是对于十九届四中全会对基本经济制度内涵为什么进行丰富和拓展进行分析，以更好坚持和完善中国特色社会主义基本经济制度。

基于中国社会主义实践可以发现，中国社会主义的收入分配制度和经济体制模式随着所有制结构的调整，呈现出了不同的模式。在社会主义改造之后，在基本处于“一大二公”的公有制经济模式下，采用的收入分配和市场经济模式具有显著的社会主义特征。随着生产力发展需要，以及对经济发展“手段”的深刻认知，特别是在邓小平提出了“计划多一点还是市场多一点，不是社会主义与资本主义的本质区别。计划经济不等于社会主义，资本主义也有计划；市场经济不等于资本主义，社会主义也有市场。计划和市场都是经济手段”，[1]中国社会主义经济体制从原有的计划经济，逐步完善到社会主义市场经济。在一定程度上摒弃了之前社会主义与计划经济画等号的固有认知，理论上的创新进一步佐证了“不要以为，一说计划经济就是社会主义，一说市场经济就是资本主义，不是那么回事，两者都是手段，市场也可以为社会主义服务”。[2]在此过程中，所有制结构也不断演进，公有制经济和非公有制经济由改革开放初期的“对立”到“必要补充”；邓小平的南方谈话进一步推进了中国改革开放的进程，随之公有制经济和非公有制经济由“必要补充”到“共同发展”；在共

---

1 《邓小平文选》第3卷，人民出版社2001年版，第373页。
2 《邓小平文选》第3卷，人民出版社2001年版，第367页。

同发展的基础上，党的十六大第一次提出了“两个毫不动摇”；党的十八届三中全会进一步提升为“两个都是”；中共十八届五中全会强调要“鼓励民营企业依法进入更多领域，引入非国有资本参与国有企业改革，更好激发非公有制经济活力和创造力”。与所有制、社会主义市场经济变革对应的收入分配模式也同步变革，逐步形成按劳分配为主、多种分配方式并存的收入分配制度。

基于实证的结果，从基本经济制度的三个维度的基础指标进行分析可以发现，基本经济制度体系内基本指标权重重要的依次是：监管质量、捐赠收入、个税调节、金融自由、私有制经济固定投资金额、政府效率、社会保障和就业、混合所有制经济固定投资金额等。从基础指标中最重要的几个方面可以发现，关键的基础指标依次是社会主义市场经济维度、收入分配维度和所有制维度。由此可以得出，中国基本经济制度内涵的拓展是十分必要的，单纯从所有制维度对基本经济制度进行综合，已经不适合对基本经济制度的综合评价。

更进一步从所有制、收入分配制度和社会主义市场经济三个维度进行分析可以发现，从当前的实证区间看，社会主义市场经济维度的贡献程度大于收入分配维度的贡献程度，收入分配维度的贡献程度也稍大于所有制维度的贡献程度。由此，进一步可以佐证，中国特色社会主义基本经济制度还仅仅从所有制维度进行综合评价已经不再适宜。

本章从基础指标和三个一级指标对中国特色社会主义基本经济制度的不同贡献，论证了十九届四中全会对中国特色社会主义基本经济制度内涵丰富和拓展的合理性。

（二）中国基本经济制度内涵拓展的理论基础

以上通过实证结论已经阐明了中国基本经济制度内涵拓展的现实基础，本章进一步深入阐明中国基本经济制度内涵拓展的理论基础。

基本经济制度是中国社会主义经济发展制度体系的重要组成部分，其中基本经济制度理论的重要源泉就是所有制理论，因为马克思一再强调："所有制问题是运动的基本问题，不管这个问题的发展程度怎样。"[1]从理论逻辑上而言，所有制结构是判断经济属性的关键标准，随着中国社会主义生产力发展的要求，我国逐步从原有的"一大二公"的所有制结构调整成为以公有制为主体，多种所有制经济共同发展的基本经济制度框架。然而，基本经济制度理论依然要遵循政治经济学的基本原理，为此，随着社会主义经济发展，原有的以所有制为主的基本经济制度理论已经不再适用于当前中国特色社会主义经济发展的实践。追索到政治经济学理论本身，恩格斯很早已经指出"政治经济学作为一门研究人类各种社会进行生产和交换并相应地进行产品分配的条件和形式的科学"，[2]政治经济学理论要求随着社会经济的发展，特别是生产规模的扩大，"分配"和"交换"等维度必然成为越来越重要的理论组成部分。同时，基于经济基础和上层建筑的基本原理，我们可以发现，不同所有制结构与分配结构和社会主义市场

1 《马克思恩格斯选集》第1卷，人民出版社2012年版，第435页。
2 《马克思恩格斯全集》第30卷，人民出版社1995年版，第492页。

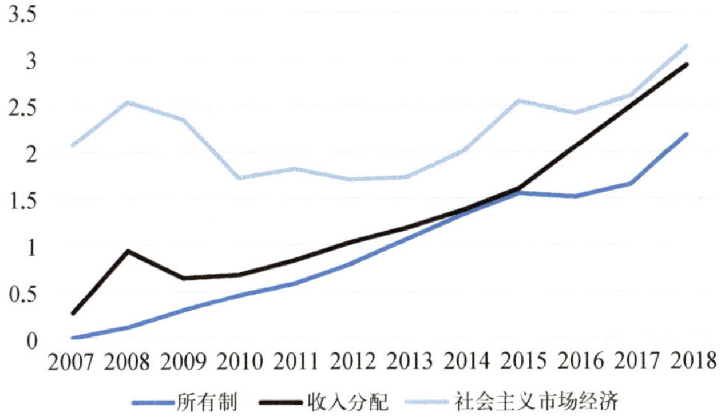

图4-6 基本经济制度不同维度指数演进情况

经济是密切相关的。马克思已经论证了完全的公有制对应的共产主义社会所采取的是按需分配和计划经济，但在生产力不发达的社会主义初级阶段，所有制形式与对应的收入分配模式和经济体制则呈现出新的理论特征。

基于本研究所设定的基础指标，进行权重测算后，分别计算出基本经济制度所有制、收入分配和社会主义市场经济三个层面的指数。从实证结果看，2007—2018年，基本经济制度的三个维度都呈现出稳定上升的态势。该实证结果说明了，中国基本经济制度所对应的三个维度现实的运行态势整体一致，符合中国社会主义实践过程中的基本现实。

在中国社会主义实践的进程中，所有制、收入分配制度和社会主义市场经济在中国都逐步实现了重大的理论突破与创新。随着中国经济社会发展的需要，所有制、收入分配和社会主义市场经济之间的耦合程度也不断提升，原有的以所有制为主的基本经济制度理论迫切需要对应的理论创新，由此形成了十九届四中全会所形成的所有制、收入分配制度和社会主义市场经济三位一体的基本经济制度理论。为此，本章进一步测算所有制、收入分配制度和社会主义市场经济三个维度耦合程度，以更好论证中国基本经济制度内涵拓展的理论基础。

耦合度模型是将物理学中的耦合关系运用到社会科学的重要工具，主要分析的是社会经济发展相关子系统的协调程度。其中，耦合度主要关注的是两个及以上系统的相互作用，考察的是协调发展的动态关联，科学反映了子系统之间的相互依赖和制约的程度，以字母C表示。本模型主要涉及三个子系统，分别是基本经济制度的所有制维度、基本经济制度的收入分配维度、基本经济制度的社会主义市场经济维度三个子系统，该模型的具体测算公式如下：

$$C = 3 * \sqrt[3]{\frac{G * S * M}{(G + S + M)^3}}$$

根据上文的测算公式，本报告得到了中国基本经济制度三个子系统之间的耦合度，具体结果如下图所示：

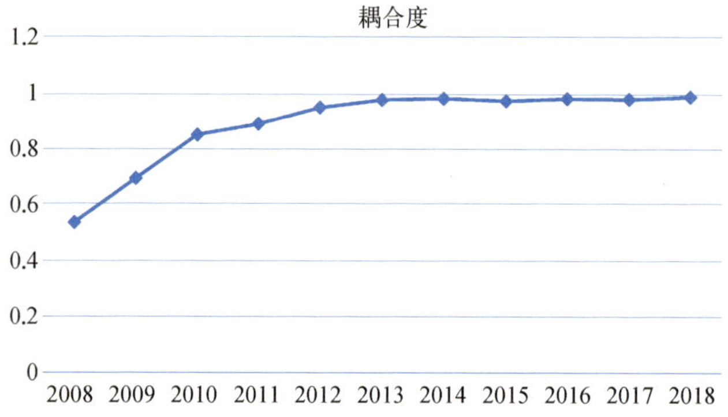

图 4-7 中国基本经济制度三位一体耦合度示意图

基于以上结果可以发现，中国基本经济制度三个子系统之间的耦合度不断提升，这进一步证明了中国基本经济制度内涵拓展的理论合理性。

（三）中国基本经济制度发展指数演进

在论证了中国特色社会主义基本经济制度新内涵合理性的基础上，本章进一步测算了中国特色社会主义基本经济发展指数，具体演进路径如下图所示：

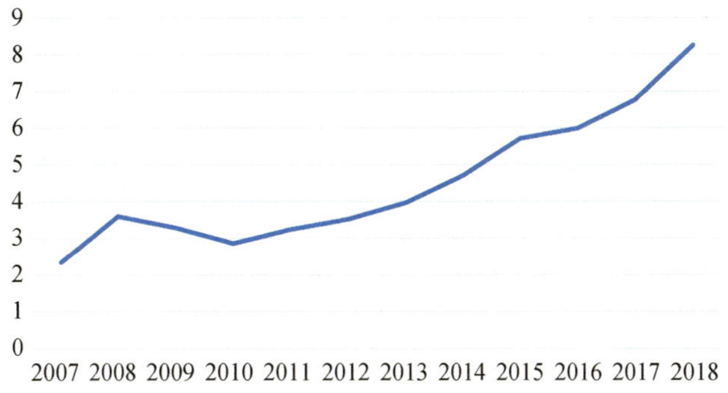

图 4-8　中国基本经济制度发展指数

从2007—2018年中国基本经济制度发展指数的演进路径可以发现，我国基本经济制度整体呈现出健康稳健的发展态势。特别是在出现金融、经济等危机的时候，比如在2008年、2015年时，中国基本经济制度发展指数整体还是呈现了显著的稳健特征。这进一步可以说明，一方面中国基本经济制度本身具备制度的稳定性和科学性。另一方面也说明，中国基本经济制度在一定程度上成为经济健康发展的稳定器，是中国经济高质量发展的关键制度性基础。与此同时，因为，中国基本经济制度发展指数是由所有制、收入分配和社会主义市场经济三个维度共同组成的，结合上文中中国基本经济制度三个子系统之间的耦合程度，进一步可以得到这三个维度整体呈现出协调发展的演进态势，有力推动了中国基本经济制度发展。

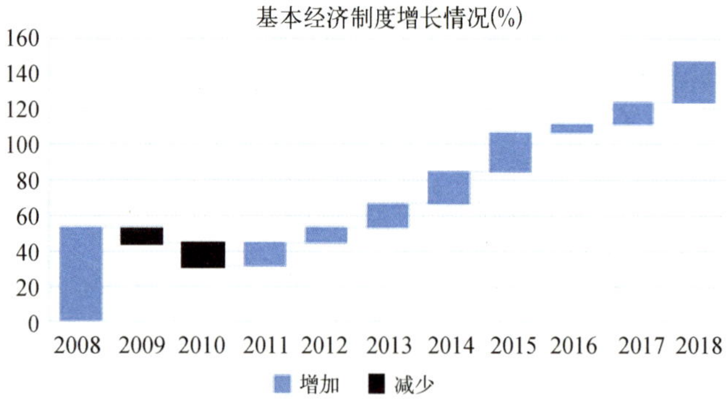

图 4-9 中国基本经济制度增长概况

进一步分析2008—2018年中国基本经济制度的增长情况可以发现，仅有2009年和2010年由于受到经济危机的影响稍有下降之外，中国基本经济制度增长态势良好。同时，基本经济制度的增长也呈现稳定的态势。由此，基本经济制度为中国经济高质量发展提供了重要的制度保障。

四、中国基本经济制度发展指数结构分析

本章已经详细阐述了中国基本经济制度发展制度的整体演进

情况，并从实践和理论两个维度阐明了中国基本经济制度内涵丰富和完善的合理性，本章将进一步分析中国基本经济制度各维度的演进情况，以便为更好坚持和完善中国基本经济制度提供政策建议。

（一）所有制维度分析

为了更加精准对所有制维度进行分析，这里不再进行所有制维度的加总，而是从更加微观的视角，也就是各类市场经济的经济主体进行分析。本章为此测算了2002—2017年中国各类经济类型的投资效率[1]，结果如下表所示：

表4-3 不同所有制经济投资效率

年份	国有经济	集体经济	私营个体经济	联营经济	股份制经济	外商投资经济	港澳台投资经济	其他经济
2002年	0.689	0.873	0.878	0.636	0.663	0.808	0.697	0.692
2003年	0.638	0.874	0.796	0.569	0.602	0.537	0.594	0.614
2004年	0.608	0.899	0.781	0.619	0.485	0.585	0.524	0.447
2005年	0.584	0.872	0.745	0.867	0.575	0.658	0.645	0.595
2006年	0.573	0.651	0.722	0.605	0.624	0.689	0.569	0.687
2007年	0.554	0.695	0.705	0.810	0.582	0.588	0.532	0.656
2008年	0.522	0.704	0.729	0.754	0.569	0.568	0.571	0.676
2009年	0.515	0.713	0.746	0.731	0.604	0.651	0.578	0.698
2010年	0.529	0.664	0.705	0.526	0.566	0.582	0.561	0.690

1 这里需要说明，这里的投资效率主要是针对固定资产投资，是狭义的投资效率。同时，因为2018年的相关数据是估算的，这里不再分析2018年的相关数据，并且将分析的数据向前追溯至2002年。

（续表）

年份	国有经济	集体经济	私营个体经济	联营经济	股份制经济	外商投资经济	港澳台投资经济	其他经济
2011年	0.569	0.738	0.714	0.612	0.571	0.636	0.563	0.677
2012年	0.562	0.709	0.702	0.600	0.582	0.629	0.551	0.678
2013年	0.615	0.753	0.720	0.703	0.592	0.645	0.559	0.726
2014年	0.656	0.788	0.731	0.802	0.599	0.660	0.566	0.757
2015年	0.684	0.836	0.766	0.842	0.631	0.697	0.574	0.783
2016年	0.561	0.806	0.682	0.817	0.524	0.545	0.530	0.720
2017年	0.583	0.818	0.683	0.811	0.527	0.595	0.561	0.775
平均值	0.590	0.774	0.738	0.706	0.581	0.630	0.574	0.679

从投资效率的平均值看，投资效率最高的是集体经济，达到了0.774，其后依次是私营个体经济、联营经济、其他经济、外商投资经济、国有经济和股份制经济，投资效率最低的是港澳台投资经济，仅有0.574。从各年度的投资效率看，投资效率最高的依然是集体经济，在2004年达到了0.899。值得注意的是2017年各类经济主体的投资效率与2002年的相比，只有联营经济的投资效率稍有增加，其他不同经济类型的主体投资效率都有所下降。这一方面是因为联营经济的经济规模相对比较小，另一方面是因为经济发展逐步收敛的结果。不过，哪怕是经济发展逐步收敛，集体经济、股份制经济和国有经济下降幅度相对比较小，港澳台投资经济、私营个体经济和外商投资经济下降幅度相对较大。由此可以发现，在我国公有制经济的投资效率并不低，并且从投资效率的稳定性看，公有制经济的投资效率也比较稳定。由

此可以发现，从投资效率维度可以进一步佐证公有制经济占主体的地位并未动摇，不能仅仅从国民生产总值的维度考察不同所有制经济的占比情况，还应该综合考虑资产、效率等其他维度的发展情况。只有这样才能有助于更好推动不同所有制经济健康发展，推动基本经济制度更加完善，实现经济高质量发展。

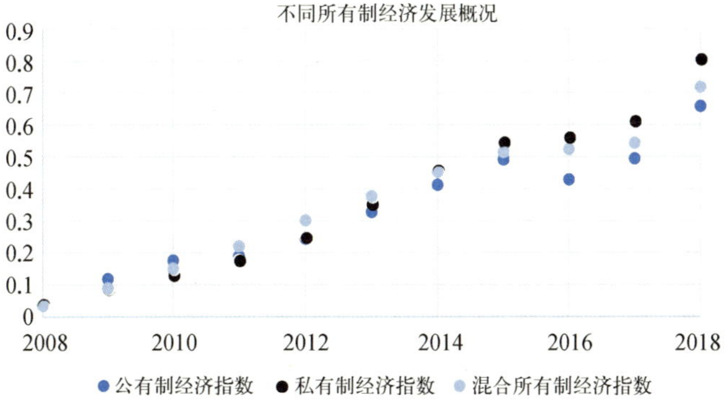

图 4-10　不同所有制经济发展指数

从2008—2018年我国不同所有制经济的发展情况看，呈现出以下三个重要的特征：第一，不同所有制经济整体呈现了协同发展的良好态势，这很大程度上证明了不同所有制经济可以共同发展；第二，我们知道混合所有制经济有两种形式，通过不同所有制经济发展概况可以发现，两种模式的混合所有制形式都是有效的，这进一步论证了混合所有制作为基本经济制度实现形式的科学性；第三，在不同的发展阶段，经济发展的第一推动力稍有区别，不同所有制经济在不同发展阶段的交替推动作用，更加有利于推动经济高质量发展。

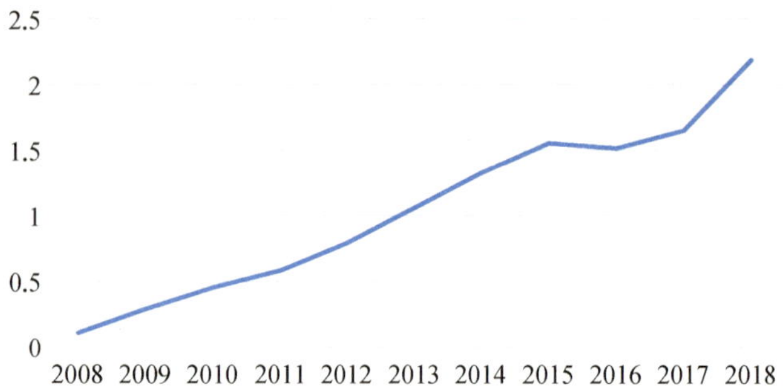

图4-11　基本经济制度所有制维度指数

通过以上分析，我们进一步考察中国基本经济制度所有制维度的演进情况。从2007年起，基本经济制度所有制维度发展整体比较稳健。结合图4-6，我们可以发现，所有制维度在基本经济制度三个维度中起到了基础性的作用，因此，不同所有制经济的健康发展为基本经济制度健康发展，乃至于为经济高质量发展也奠定了坚实的基础。

（二）收入分配维度分析

本章首先测算第一次分配指数的增长情况，然后测算调节机制和第三次分配两方面的指数的增长情况。基于中国收入分配结构的特征，也就是党的十六大提出："初次分配注重效率，发挥市场的作用，鼓励一部分人通过诚实劳动、合法经营先富起来。再分配注重公平，加强政府对收入分配的调节职能，调节差距过大的收入。"[1]党的十七大进一步提出："初次分配和再分配都要处

1 《十六大以来重要文献选编》上，中央文献出版社2011年版，第21页。

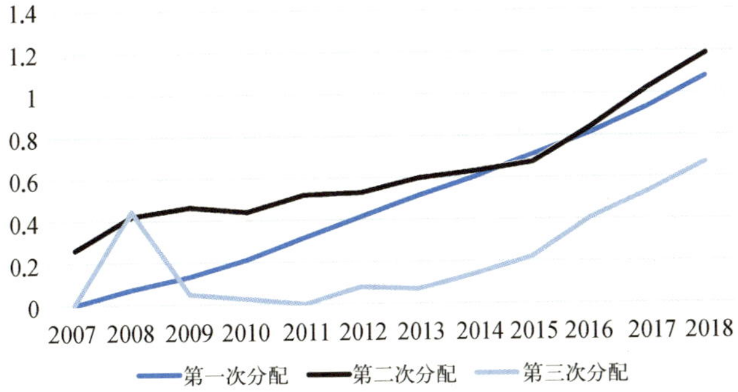

图4-12 收入分配结构状况

理好效率和公平的关系，再分配更加注重公平。”[1]本章深入分析收入分配的整体特征和结构特征。

从2007—2018年，我国基本经济制度对应的收入分配的三个重要维度整体都呈现了显著上升的发展态势。值得注意的是，从收入分配的三个维度观察，2008年第三次分配出现过短期大幅增长的状态，除此之外，第三次分配的发展相对滞后，需要大力发展。从分配的三个维度看收入分配整体发展态势良好，那么如何更好衡量收入分配机制下的公平与效率呢？

我们认为第一次分配指数的增长情况主要体现的是收入分配的效率层面，调节机制和第三次分配两方面的指数的增长情况主要体现的是收入分配的公平层面。由此得到效率与公平的结构示意图，如图4-13所示：

通过图4-13可以发现，在我国2009—2015年，收入分配还

1《十七大以来重要文献选编》上，中央文献出版社2009年版，第30页。

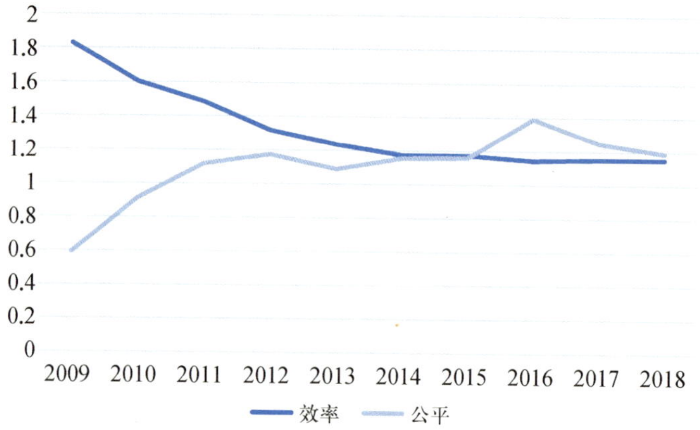

图4-13 收入分配效率与公平示意图

是以效率为主，从2015年我国的收入分配状况开始侧重于公平。公平和效率是社会主义经济发展中两个重要的方面，不同的收入分配制度对社会的公平和效率会产生一系列的影响。社会主义的本质也要求中国的发展最终要实现共同富裕的目标，而不是仅仅强调生产力的发展。改革开放以来的经济成果已经表明，中国经济的收入分配对促进生产力发展，提升经济效率起到了重要的作用，体现了收入分配制度的激励效果。但收入分配面临的问题依然不可回避，不论是不同所有制经济之间的收入分配问题，还是不同区域的收入分配问题，乃至于城乡之间的收入分配问题等等都日益凸显。本章的实证结果表明，从2015年起，中国收入分配更加关注公平，同时经济效率并未出现明显下滑，进一步彰显了中国收入分配制度的优越性，彰显了中国基本经济制度的优越性。然而，由于本章所构建的是增量型的指数，一方面还未完全体现效率和公平之间的存量差异，另一方面，从实证结果看，目

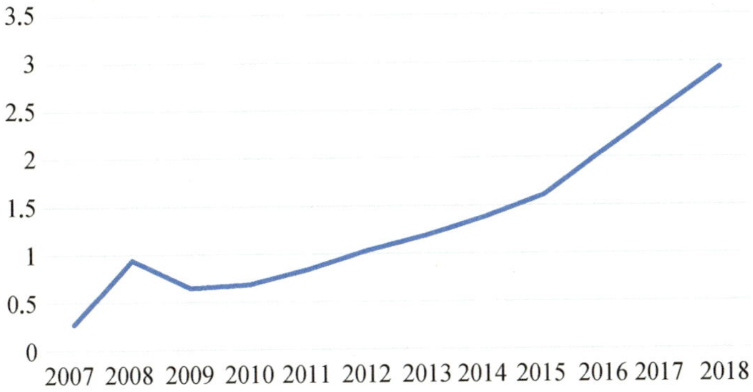

图 4-14 基本经济制度收入分配维度指数

前的收入分配制度虽然已经在一定程度上兼顾了公平和效率，但与最优的发展模式还存在部分差距。本章认为，从增量型的指数看，当前最优的收入分配制度对应的公平和效率指数应该都保持一定的稳定或者向上发展的态势，同时公平的指数在当前乃至于今后一段时期都应该在效率指数之上。

通过以上分析，我们进一步考察中国基本经济制度收入分配维度的演进情况。从2007年起，基本经济制度收入分配维度发展整体比较稳健。结合图4-6，我们可以发现，收入分配维度在基本经济制度三个维度中发挥了重要的中坚力量，因此，收入分配维度的健康发展为基本经济制度健康发展，乃至于为实现共同富裕都发挥了重要的作用。不过整体指数的综合作用在一定程度上掩盖了收入差距，依然面临不小的挑战，结合图4-13，我们认为在保障收入分配层面健康发展的基础上，要进一步协调效率与公平的关系，以更好实现共同富裕的目标，实现中国特色社会主义发展成果由全民共享。

（三）市场经济维度分析

本章基于基本经济制度内涵的丰富和拓展，在综合评价中国基本经济制度的过程中，重要的创新点之一就是将创新机制纳入到了社会主义市场经济的维度，重点突出了创新要素配置的情况。

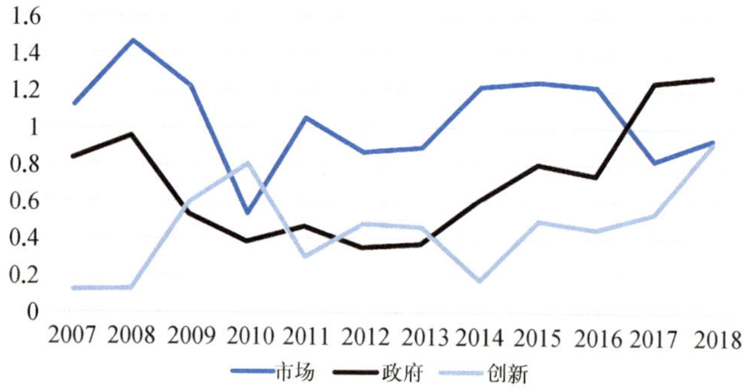

图4-15 社会主义市场经济三维度示意图

基于上图社会主义市场经济的三个维度的演进情况，我们可以发现，从2007—2018年，中国社会主义市场经济的三个维度整体都保持稳定的发展态势，特别是自2014年之后，创新机制的贡献不断增加。自2007年以来在社会主义市场经济三个维度中，创新机制已经成为推动社会主义市场经济不断完善的重要贡献力量。深入到市场机制维度可以发现，整体上市场机制在三个维度中处于占优地位，充分彰显了市场在资源配置中起决定性作用的地位。不过，值得注意的是，在全球化背景下，市场机制在一定程度上存在显著的网络性特征，也就是说，中国特色社会主义市场经济中的市场维度并不是孤立的，它依然会受到国际市场的影响和制约，比如：利率市场、汇率市场、金融市场、大宗商品市场等，这也在一定程度上造成了市场指数的波动。同时，政府机制的波动往往更多受到国内因素的影响。也正是由于中国社会主义市场经济的三位一体特征，才更好实现了中国社会主义市场经济稳健发展，保障了资源的高效配置。这不仅彰显了中国社会主义市场经济的优越性，也进一步彰显了中国特色社会主义基本经济制度的优越性。

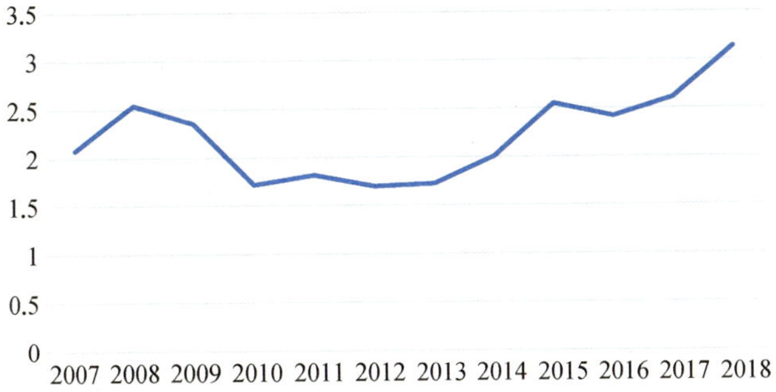

图4-16 基本经济制度社会主义市场经济维度指数

通过以上分析，我们进一步考察中国基本经济制度社会主义市场经济维度的演进情况。从2007年起，基本经济制度社会主义市场经济维度发展整体比较稳健。结合图4-6，我们可以发现，社会主义市场经济维度在基本经济制度三个维度中已经成为重要的牵引力量。进一步结合图4-15可以发现，社会主义市场经济的不断完善是中国政府、市场和创新机制的共同作用。因此，为了更好实现中国基本经济制度的健康发展，要坚持十九届五中全会所提出的："坚持和完善社会主义基本经济制度，充分发挥市场在资源配置中的决定性作用，更好发挥政府作用，推动有效市场和有为政府更好结合。"在此基础上，重视创新机制的作用，进而构建高水平社会主义市场经济体制。

五、相关理论与方法

本章将基于以上的中国基本经济制度指标体系采用科学的计量方法，通过以下几个步骤进行测算。首先进行基础指标标准化，其次运用主流的计量方法（熵权法）测算基础指标权重，最后在以上两步的基础上测算中国基本经济制度发展指数及各维度对应的相关指数。

1. 数据描述与指标处理

（1）数据来源

基本经济制度所有制维度包括三方面：公有制经济、私有制经济与混合所有制经济。其中，公有制固定资产投资与公有制新增固定资产两项指标是将《中国固定资产投资统计年鉴》中的国有经济和集体经济的相关数据相加，私有制固定资产投资与私有制新增固定资产两项指标是将《中国固定资产投资统计年鉴》中的私营个体经济、外商投资经济和港澳台投资经济的相关数据相加，混合所有制固定资产投资与混合所有制新增固定资产两项指标是将《中国固定资产投资统计年鉴》中的联营经济、股份制经济和其他经济的相关数据相加。

基本经济制度收入分配维度包括三个方面：第一次分配、调节机制和第三次调节。第一次分配主要包括国有企业就业人员平均工资、城镇集体企业就业人员平均工资和其他企业就业人员平均工资（相关数据源自wind数据库）。调节机制主要包括税收调节、社会保障调节和转移支付调节等手段，基础指标主要包括基尼系数、税收调节、社会保障和就业调节以及转移支付调节，基尼系数是综合性体现收入分配的重要指标，同时该维度还纳入了税收调节指标，其对应的是个税调节，主要包括中央公共财政收入中的个人所得税与地方公共财政收入中的个人所得税；社会保障和就业调节主要由本级公共财政支出的部分与地方公共财政支出的部分相加；转移支付数据主要是中央对地方税收返还和转移支付的综合（以上数据均源自wind数据库）。第三次调节主要是以慈善相关的捐赠数据为代理变量，主要是社会工作机构执行民间非营利组织单位本年捐赠收入、社会组织执行民间非营利组织单位本年捐赠收入、自治组织执行民间非营利组织单位本年捐赠收入和其他社会服务机构执行民间非营利组织单位本年收入捐赠收入之和（相关数据源自wind数据库）。

基本经济制度社会主义市场经济维度主要包括三个方面：市场机制、政府机制和创新机制。其中，市场机制方面的市场化程度相关数据源自樊纲、王小鲁等构造“中国市场化指数”中的国家层面的指数，商业自由、劳动力自由、金融自由、贸易自由、投资自由和经济自由；政府机制方面的财政能力是将政府财政收入除以国民生产总值，相关数据源自《中国统计年鉴》，政府效率、监管质量和法治数据源自《全球治理指数》；全球创新指数源自世界知识产权组织等发布的《全球创新指数报告》，高新技术产品出口比和研发效率的基础数据均源自wind数据库。

（2）指标处理

由于基本指标采集受到基本指标属性不一致等原因的限制，本报告依然采用经典的方法对基本指标进行标准化处理。本章在无量纲处理的过程中，为了更好地衡量单项指标的变化趋势，对每个单项指标进行打分。打分遵循以下原则：每项指标的得分都在0至10分之间，单项指标的得分公式如下[1]：

$$\text{第} i \text{个指标} t \text{年得分} = \frac{X_{i(t)} - X(min)}{X(max) - X(min)}$$

根据以上的得分公式，分别对基本经济制度的所有制维度、基本经济制度的收入分配维度、基本经济制度的社会主义市场经济维度对应的基础指标进行打分。

2. 基本经济制度发展指数计算

在以上分析和基础指标处理的基础上，本章进一步采用熵权法对基本指标的权重进行测算，在基本指标权重的基础上构建基本经济制度发展指数。

（1）指标的信息熵

用熵值法计算权重的步骤如下：

1 本报告对于负方向指标进行调节后标准化。

① 第j个指标下第i年份指标值的比重：

$$y_{ij} = x'_{ij} / \sum_{i=1}^{m} x'_{ij}$$

② 第j个指标的信息熵：

$$e_j = -k \sum_{i=1}^{m} (y_{ij} \ln y_{ij})$$

如果$\ln y_{ij}=0$，则存在$y_{ij}\ln y_{ij}=0$

③ 信息熵冗余度：

$$d_j=1-e_j$$

④ 权重：

$$w_j = d_j / \sum_{i=1}^{m} d_j$$

（2）权重测算

首先我们将基础指标按照熵权法的要求进行标准化处理，然后基于熵权法的步骤计算出各指标的权重，如下表所示：

表 4-4 中国基本经济制度基础指标权重

所有制	公有制经济	公有制经济固定投资金额	0.033
		公有制经济当年资产增加额	0.033
	私有制经济	私有制经济固定投资金额	0.043
		私有制经济当年资产增加额	0.038
	混合所有制经济	混合所有制经济固定投资金额	0.039
		混合所有制经济当年资产增加额	0.033
收入分配	一次分配	国有企业就业人员平均工资	0.037

（续表）

收入分配	一次分配	城镇集体企业就业人员平均工资	0.037
		其他企业就业人员平均工资	0.034
	调节机制	基尼系数	0.035
		税收调节	0.044
		社会保障和就业调节（本级公共财政支出+地方公共财政支出）	0.039
		中央对地方税收返还和转移支付调节	0.028
	第三次调节	捐赠收入调节	0.067
社会主义市场经济	市场机制	市场化程度	0.013
		商业自由	0.031
		劳动力自由	0.023
		金融自由	0.043
		贸易自由	0.014
		投资自由	0.030
		经济自由	0.023
	政府机制	财政能力	0.029
		政府效率	0.040
		监管质量	0.073
		法治	0.032
	创新机制	全球创新指数	0.036
		高新技术产品出口比	0.037
		研发效率（专利数除以RD）	0.037

通过以上指标体系及其基础指标的分值与权重可以得到中国基本经济制度发展指数。

参考文献

1. 何干强.论公有制在社会主义基本经济制度中的最低限度［J］.马克思主义研究，2012（10）：46–57+159.
2. 柯希嘉.中国职工收入分配指数指标体系和编制方法研究［J］.商业经济研究，2015（22）：50–51.
3. 李成瑞.坚持统计改革的社会主义方向——研究和把握社会主义市场经济统计区别于资本主义市场经济统计的特点［J］.统计与信息论坛，1996（04）：2–6.
4. 马立政，彭双艳，李正图.基本经济制度指标体系研究［J］.上海经济研究，2017（09）：18–33.
5. 裴长洪.中国公有制主体地位的量化估算及其发展趋势［J］.中国社会科学，2014（01）：4–29+204.
6. 孙敬水，赵倩倩.中国收入分配公平测度研究——基于东中西部地区面板数据的比较分析［J］.财经论丛，2017（02）：18–27.
7. 王阳，谭永生，李璐.收入分配评价指标体系重构研究——基于体现效率、促进公平的视角［J］.经济纵横，2019（03）：80–92.
8. 习近平.关于《中共中央关于坚持和完善中国特色社会主义制度推进国家治理体系和治理能力现代化若干重大问题的决定》的说明［N］.人民日报，2019–11–06（004）.
9. 许海平，宋树仁.我国居民收入分配和谐度指标体系的构建［J］.未来与发展，2011，34（03）：9–12.
10. 赵华荃.坚持公有制为主体的基本经济制度之我见［J］.马克思主义研究，2006（11）：28–33.

第五章 国家治理体系的内涵、特征与评价指标

一、国家治理体系的世界格局现状

我国基本经济制度发展主要经历了四个时期，从改革开放前的民族资本国有化，到计划经济时代，到以计划经济为主、市场经济为辅，再到当前的社会主义市场经济。衡量基本经济制度优越性的核心和基础体现在国家的治理能力上，因此，如何评价国家治理体系的成效也必然和经济体所处的经济、政治、法治、文化等环境因素有着不可分的联系。

对于国家治理体系发展，甚至是现代化经济体系、金融发展体系等层面的考核体系，已经有充足的学术研究对其进行了比较系统和具有代表性的研究。例如：国家统计局课题组（2001）设计了一套对国有经济控制力的评估方法，首先从静态上考察国有经济的调节力、保障力状况，主要反映国有经济在全行业的比重状况；然后再考察国有经济的竞争力和发展活力状况，主要是看国有经济的投入产出效率状况；最后将上述两种状况结合起来，通盘考察国有经济对整体国民经济的影响、调节和保障状况。谭

劲松、王文焕（2010）基于公有制经济在吸收劳动就业、创造总量、拥有固定资产、上缴财政税收、出口创汇、高新技术产业中所占份额等六大指标，以全国范围内的公有制经济为评价对象构建了公有制经济主体地位的评价体系。赵华荃（2012）依据国家统计局和国家工商行政管理总局公布的历年统计年报资料，以产业数据为基础，计算了公有制经济资产和非公有制经济资产占全国经营性资产比重，进而论证了国有经济在国家经济命脉领域的主导作用和控制力。裴长洪（2014）以不同生产资料所有制的经营性资产价值量作为衡量主次地位的边界标准，估算第一产业公有制经济与非公有制经济的资产规模及其比重变化，并在之前学者估算的基础上，延伸估算第二产业和第三产业两种所有制的资产规模及其比重变化。与此同时，也有学者关注于不同所有制经济的评价研究，但是相关研究一方面局限于工业层面，另一方面仅以企业效率作为评价的标准。如：任毅、丁黄艳（2014）运用DEA模型和Malmquist指数法，通过对国有及国有控股工业与私营工业企业的全要素生产率及其分解指标的分析，从规模效率、管理水平和技术创新视角对我国不同所有制经济工业企业经济效率进行比较研究。黄速建、李倩和王季（2017）构建出评价我国不同所有制经济工业企业综合效率的指标体系，进而采用熵权法和灰色关联分析法对2001—2014年度我国不同类型工业企业的综合效率指数进行分析。在构建指标体系方面，相关理论研究已经比较成熟。苏为华（2000）将综合评价指标体系的方法归纳为以下几类：综合法、目标层次法、交叉法、指标属性分组法，并详细介绍了每种方法的原理和适用范围。李远远（2009）将综合评价指标权重的方法概括为三类：主观赋权法、客观赋权法和组合赋权法。李艳双、曾珍香和张闽等（1999）提出，主成分分析法确定权重不仅可以消除评价指标之间的相关影响，而且实践证明指标间相关程度越高，主成分分析效果越好，进而可以减少选取指标的工作量。汤光华、曾宪报（1997）提出构建统计指标体系应坚持目的性、全面性、可行性、稳定性、协调性、结合性等基本原则。构建基本经济制度评价指标体系需要参照当前比较知名的指标体系，如：联合国开发计划署的人类发展状况指数（HDI——Human Development Index），其综合了健康、教育和生活水平等指标，动态地衡量了人类发展状况，有效地衡量了一个国家的福利水平和社会进步程度；世界银行建立的世界治理指数（Worldwide Governance Indicators，WGI），它以六个维度指标衡量各国政府治理有效性，具体而言主要考察一国政府在腐败管控（Control of Corruption）、政府效率（Government Effectiveness）、政治稳定与社会安全（Political Stability and Absence of Violence/Terrorism）、监管质量（Regulatory Quality）、法治（Rule of Law）、公众话语权与政府问责（Voice and Accountability）方面的治理有效性；樊纲、王小鲁等（2003）以五个方面、23个分指标为基础，用“主因素分析法”（Principal Component Analysis，PCA）为基本计量方法构造“中国各地区市场化进程相对指数”，作为解释体制变革在中国经济绩效改进中作用的有效工具。

综上不难发现，虽然对制度环境体系的各方面都有具体、详细的衡量指标和方法，仍然缺乏一个全面综合统一的指标体系来衡量我国治理体系发展的情况，或是可以对我国治理体系变化的影响作出评价。由于缺乏这套指标体系，导致我们对基本经济制度下治理体系转变的内涵和特征缺乏系统全面的了解。这一困境既不利于政府制定基于基本经济制度的相关政策，也不利于进一步完善基本经济制度。为了填补这一研究空白，本章将从国家治理体系的表现特征、所受的环境影响因素几个维度选取相应指标，并通过建立相应的定性和定量指标，构建相对完整的基本经济制度下治理体系发展的考察指标体系。

二、理论与方法

一般说来，指标体系及其指数的构建往往遵循两个原则：指标体系及其指数必须能够准确反映目标对象的实际情况及其演进趋势；指标体系及其指数必须符合统计科学原则。治理体系发展指标体系及其指数的构建也应如此。鉴于此，本章构建治理体系发展指标体系及其指数从以下几方面进行。

（一）必须能够准确反映治理体系发展评价体系客观情况

治理体系发展评价体系的客观基础是基本经济制度体系和现代化经济体系，依存于相应的经济体，而经济体是在一定的政治、经济和社会环境下发展的。经济制度体系与经济功能相关，好的经济制度能够使经济体发挥正向的、更大和更好的功能。

基于基本经济制度框架下的治理体系发展目标，将能够促进经济、政治、人文、法治等领域全方位地体现出经济制度和治理体系的优越性，确保经济在正确轨道上运行并实现最优经济功能，因此，治理体系优越与否是整个经济制度体系、整个经济发展状况乃至整个社会发展状况优越与否的关键因素，测量治理体系优越性的工作对于经济发展状况、社会发展状况来说都十分重要、十分必要，与此相应，如何构建衡量治理体系优越与否的指标体系自然就成为构建基本经济制度框架下治理体系发展的不可或缺的有机内容。

因此，我们认为，治理体系发展评价体系应当细分为四个维度，即相应的治理体系下的结构治理维度、全球治理维度、公共治理维度和法律治理维度。

（二）必须遵循构建治理体系发展评价体系的一般科学方法

依据以上总结的指标体系及其指数构建的一般方法，本章在构建治理体系发展评价体系及其指数时，首先建立二级指标体系，在后期建立三级指标体系时将通过主成分分析法来确定最终的指标权重。

参考WGI指标，本章首先重新规划一级指标以衡量我国的治理体系发展评价体系，将国家治理体系发展评价标准划分成四个考察目标。

1. 结构治理维度

该指标维度主要考察政府在规划、指定国家治理目标的能力，因此结构治理能力必须在产业结构、市场结构、现代化建设等方面建立可量化指标来衡量，如产业升级（现代化）/转型速度、新兴要素增速这样的变量来衡量治理体系的有效性（发展战略和战略有效性）。结构治理能力同时反映了政府在各部门之间的协调能力和政府的信誉度，市场对政府治理的认同、支持（蜜月效应）可以提升治理效率。

2. 全球治理维度

全球治理维度主要衡量国际政治环境，WGI中公众话语权与政府问责可以划分至该指标，较高的全球治理能力能够提升国家产业、经济的世界竞争力，在国际资源配置上获得更大的优势，保证国内经济与社会发展的稳定性。因此，在考核治理体系优越性时，必然需要考虑国家的国际地位和话语权，该治理体系是否契合当时的国际竞争环境。

3. 公共治理维度

公共治理维度主要表现在所处治理体系下，政府在资源分配（如税收）上的统筹能力与效率，如在教育、医疗、基建等领域的公共支出比重和水平，甚至是人文、生存环境等软实力的规划、建设，都会直接或间接影响到企业、经济、社会的联动发展。

4. 法律治理维度

最后一个维度是法律治理维度。法治是完善国家治理体系的基础，依法治国的执行程度决定了国家在推行治理政策时的执行效率，WGI中的法治、腐败管控和监管质量几个指数将被合并至此，另外，还包含政府效率和政治稳定与社会安全指数中涉及管理条规、规范层面的内容。目前，关于法律治理维度的衡量指标较为有限，这也是本研究的重点研究目的之一。

表5-1 治理体系发展评价指标体系

一级指标	二级指标
I. 结构治理能力	1. 产业结构
	2. 市场结构
II. 全球治理能力	1. 国际政治环境
	2. 国内政治环境
III. 公共治理能力	1. 财政治理
	2. 宏观治理
IV. 法律治理能力	1. 法治建设
	2. 法治执行

三、测算理论模型与数据来源

（一）理论模型

依照金字塔理论，国有资产运营公司可以利用控股公司的已有利润来成立新公司，并与原始公司的股东共享新公司的未分配收益。

许多公司都有控股股东，通常是一个国有资产运营公司甚至是一个地区［La Porta等（1999）］、个人控制着大量公司。以国有资产运营公司为例，最高运营公司经常以金字塔结构控制实体公司的所有权。国有资产运营公司通过所有权关系链来实现控制：最高运营公司直接控制着一家公司，该公司又控制着另一家公司，依此类推。

尽管金字塔形企业集团无处不在，但没有正式理论解释它们的存在。传统的非正式解释认为，金字塔的形成是为了让国有资产运营公司仅使用少量现金流量股份就可以实现对公司的控制。例如，一个直接拥有一家公司50%的国有资产运营公司，进而拥有另一家公司50%的国有资产运营公司，则以仅25%的最终现金流量股权控制了另一家公司。当控制权的私人利益很大时，通过这种安排来确保控制权对国有资产运营公司特别有利。因为这种观点表明金字塔企业是为了将现金流与投票权分开而创建的，所以它预测金字塔企业在所有权和控制权之间应该有很大程度的分离。确实，文献提供了许多金字塔形企业实例，它们表现出极端的分离度［参见Claessens等（2000）］。

然而，对可用数据的更详细检查揭示了传统观点无法充分解释的某些事实。例如，关于金字塔形公司与一股一票大偏差相关的发现并不普遍。在许多情况下，实现的分离是最小的，因此似乎不保证使用金字塔［参见Franks和Mayer（2001）］。

此外，传统观点甚至完全无法解释金字塔将现金流量与投票权分开的情况。原因是金字塔不是实现这种分离的唯一方法。例如，由于没有对使用双重股份的监管限制，该国有资产运营公司可以通过直接拥有公司并出售劣等或无表决权的股份来实现任何期望的分离程度。在这种情况下，为什么国有资产运营公司会选择通过金字塔而不是通过直接拥有双重股权来控制一家公司？但是，经验证据表明，金字塔在世界范围内比双级股份更为普遍［La Porta等（1999）］。金字塔的高发似乎不是由于使用双重股份的限制所致。尽管这些限制为偏离一股一票设定了一个有效的上限，即双股股份可以实现的一票表决，但许多金字塔形公司的偏离均低于此允许上限［Bianchi，Bianco和Enriques（2001）］。所有这些证据表明，除了现金流与投票权的分离以外，其他考虑因素也推动了金字塔形企业集团的建立。

在本章中，我们提出了一个模型，该模型为金字塔的存在提供了理论依据，该金字塔不依赖于现金流与投票权的分离。该模型与金字塔的发现是一致的，即使国有资产运营公司可以使用双重股份来促进控制，金字塔也会出现。该模型还可以解释为什么一些金字塔控制的公司在所有权和控制权之间存在实质性差异，而另一些则没有。该理论既解释了此类企业集团的所有权结构（为什么将它们组织成金字塔而不是其他所有权结构），又解释了它们的存在（为什么一个国有资产运营公司控制着多个独立的公司）。该模型的含义与关于金字塔形企业集团特征的经验证据一致。

该模型有两个关键假设。首先是对投资者保护不完善。当投资者保护不力时，国有资产运营公司从其控制的公司中获取私人利益，而这会损害少数股东的利益。第二个假设是随着时间的推移将新业务添加到该组中。也就是说，在国有资产运营公司成立公司之后，出现了建立另一个公司的机会。

当这个机会出现时，国有资产运营公司必须决定企业集团的所有权结构。在金字塔结构下，新公司由原始公司的所有股东所有。结果，尽管该国有资产运营公司与原始公司的非国有资产运营公司股东共享了新公司的股票利益，但它仍可以使用原始公司的所有保留收益（现金）。我们考虑的另一种所有权结构是国有资产运营公司通过直接持有其股份来控制新公司的结构。我们将这种直接所有权结构称为水平结构。在这种结构下，原始公司的非国有资产运营公司股东对新公司的现金流量无权，因此国有资产运营公司可以获取新公司的所有股票利益。但是，在这种情况下，国有资产运营公司只能使用其在原始公司保留收益中的份额。

水平结构：

$$R^H \equiv R_I^H + (1-\beta^H)(1-d)\,r \geqslant i.$$

$$\max_{R_I^H \in [0, \alpha c],\, \beta^H \in [0, 1]} U^H$$

$$\text{subject to } R^H \geqslant i$$

$$\text{and to } d = d(\beta^H, k).$$

金字塔结构：

$$R^P \equiv R_I^P + (1-\beta^P)(1-d)\,r \geqslant i.$$

$$\max_{R_I^P \in [0, c],\, \beta^P \in [0, 1]} U^P$$

$$\text{subject to } R^P \geqslant i$$

$$\text{and to } d = d(\alpha\beta^P, k).$$

将该表达式与水平情况下的相应表达式进行比较，我们发现在两种结构中，转移都以相同的方式取决于最终所有权。

投资者保护水平在选择企业集团结构中起着至关重要的作用。不良的投资者保护导致现金流的大量转移（以下简称“转移”），这使金字塔结构更具吸引力，原因有两个。首先，转移会增加国有资产运营公司控制权的私人利益，尽管以减少担保利益为代价。因为在金字塔结构中，国有资产运营公司与非国有资产运营公司股东共享了担保利益，而在水平结构中，国有资产运营公司保留了所有担保利益，高分流在金字塔结构下给国有资产运营公司带来的收益要比在水平结构下给国有资产运营公司带来的收益更大（收益优势）。其次，由于外部投资者期望转移并折中他们愿意提供融资的条件，因此控股股东最好在筹集任何外部融资之前使用现有公司的内部资金成立新公司。这使得国有资产运营公司利用金字塔结构中现有集团公司的所有保留收益的能力变得更有价值（融资优势）。

某些公司特征也会影响群体结构的选择。特别是，我们表明，具有高投资要求和/或低利润率的公司更有可能成立金字塔。该论点与上一段相似。具体来说，由于这些类型的公司为投资者带来的股票收益较低，因此，如果国有资产运营公司使用金字塔建立这些公司，他们会发现更容易筹集资金，并且可以获得更高的回报。

总而言之，在我们的模型中，国有资产运营公司选择金字塔结构的原因是，当期望新公司产生相对于所需投资的低安全性收益时，国有资产运营公司会提供收益和融资优势。金字塔的这一原理不同于传统的原理。特别是，在我们的模型中，即使没有充分利用通过使用双股股份将现金流与票数分离的机会，金字塔也可以是最佳的。这一结果有助于解释上述难题之一，即一些金字塔形公司偏离一股一票制，而使用双股股份也可以实现一票制。

在本章中，我们区分了一个企业集团（由同一国有资产运营公司控制的一组公司）和用于控制该组实体公司的特定所有权结构（金字塔形或横向）。到目前为止，我们的分析假设该国有资产运营公司总是成立原始公司和新公司。但是，我们还分析了允许成立原始公司的国有资产运营公司也控制新公司的条件（即导致创建企业集团的条件）。我们发现这些条件与那些有助于创建金字塔的条件相似。当公司的股票利益相对于所需的投资而言较低时，更可能将其加入企业集团。在这种情况下，富裕的企业家很难为外部市场所需的投资提供资金。结果，已经拥有成功公司的国有资产运营公司可能是仅有的拥有足够财务资源来成立新公司的国有资产运营公司，而不管他们是否是最有效率的所有者。因此，在贫穷的投资者保护国家中，企业集团应更为普遍，它们应倾向于采用金字塔结构。

关于金字塔形企业与低担保利益相关联的观察提出了另一个问题。由于低股票利益是与企业集团的现有股东共享的，因此他们可能并不认为首先购买企业集团是最佳选择。为了研究这个问题，我们分析了企业集团中第一家公司的成立，并表明金字塔仍然可以兴起。首先，如果国有资产运营公司无法通过合同约定将来排除金字塔，那么它会通过将第一家公司价值的足够大的一部分转让给他们（通过降低的股价）来向股东补偿金字塔的未来成本。其次，国有资产运营公司可能不想承诺排除金字塔。由于留存收益放宽了融资限制，并且由于国有资产运营公司式结构可以使用更大的内部资金池，因此在某些情况下，国有资产运营公司需要使用金字塔形结构向组中添加新公司。因此，即使可行，也可以不使用排除金字塔的合同机制。

我们还发现，在金字塔形公司中，观察到的最终所有权较低，均衡转移较高。该结果是由选择效果驱动的。相对于其投资而言，股票利益较低的新公司要求该国有资产运营公司出售更多股份来为其融资。结果，该国有资产运营公司在这些公司中的最终权益很低，而且转移也很高。但是，正如我们上面所解释的，在高分流的情况下，国有资产运营公司将这些公司建立为金字塔形结构是最佳选择。因此，相对于其投资要求而言，具有较低股票利益的公司与较低的所有权集中度和较高的转移相关，并且最终以金字塔形结构出现。同样，相对于其投资要求而言，具有较高股票利益的公司也具有较高的最终所有权集中度和低转移率，并且更有可能在水平结构中，甚至在外部企业集团中成立。该预测与证据表明存在金字塔结构的公司中的投资者被没收的证据是一致的［Bertrand，Mehta和Mullainathan（2002），Johnson（2000）等］。但是，在本章的模型中，金字塔结构本身并不是转移增加的原因。相反，对高分流的期望使金字塔结构成为控制国有资产运营公司的最佳选择。

尽管与国有资产运营公司直接控制的公司相比，金字塔形公司的最终所有权较低，但本章的模型并不一定（如传统论点所述）要求金字塔形公司的最终所有权集中度绝对要小。实际上，本章的模型与持有金字塔形企业最终所有权的大小的国有资产运营公司相一致，从而导致现金流与投票权之间的微小或实质性分离。这个结果有助于解释上面提出的另一个难题，即一些金字塔控制的公司在现金流和票数之间存在很小的偏差。此外，在保护投资者的贫穷国家中，具有较小偏差的金字塔结构更可能出现。

最后，考虑了基本模型的两个扩展，这些扩展解决了该理论提出的其他问题。首先，分析国有资产运营公司成立新公司作为合法独立实体或作为现有公司内部部门的最佳选择。这个问题很重要，因为如果将新公司设置为部门，那么最终的结构将不符合金字塔的通常定义。在本章的模型框架内，只要同一集团中各个公司的投资者保护水平存在差异，国有资产运营公司就很有可能将新公司设立为部分子公司。

其次，扩展模型以允许可变规模的投资。证明了先前的结论对于这种自然扩展仍然有效。另外，国有资产运营公司可能有动机对通过金字塔拥有的公司进行过度投资，因为过度投资的成本与企业集团的现有股东分担。当集团的未分配利润非常大时，这种过度投资的可能性更大。因此，如果国有资产运营公司中有太多现金可用，金字塔可能会破坏价值，这是众所周知的自由现金流问题的一种形式［Jensen（1986）］。

现有文献将企业集团的创建及其所有权结构的决定因素分开对待。关于企业集团，Leff（1978）以及最近的Khanna和Palepu（1997，1999）认为，它们的出现是为了替代缺失的市场（即劳动力和金融市场）。团体的其他好处包括支持（向失败的公司注资）能力［Morck和Nakamura（1999），Friedman，Johnson和Mitton（2003）］以及利用团体的巨额资金作为产品市场中的战略工具竞争［Cestone和Fumagalli（2005）］。这些论点均未考虑企业集团的所有权结构。

为了解释群体的所有权结构，文献依赖于一组与本章不同的论点。正如上面讨论的那样，金字塔的传统观点是，金字塔的出现是为了将现金流量与投票权分开。仍然有一个问题，为什么金字塔是实现这种分离的最佳机制。可以对Gomes（2000）中的模型进行相同的观察，后者表明现金流和投票权的分离可能会带来声誉收益，而Bebchuk（1999）则认为初始所有者可能希望将现金流与投票分离，防止潜在袭击者夺取宝贵控制权的权利。监管或税收方面的考虑也可能有助于解释金字塔的创建。例如，Morck（2003）提供的证据表明，对公司内部股息征收的税款可减少金字塔结构的发生率。

（二）逻辑思维图

表 5-2　国家治理体系评价指标

一级指标	二级指标	三级指标		属性
I. 结构治理能力	1. 产业结构		1.1.1. 三次产业占比	+
			1.1.2. 万人专利占比	+
			1.1.3. 研发占比	+
			1.1.4. 互联网普及率	+
	2. 市场结构		1.2.1. 市场开放度（FDI、三次产业量）	+
			1.2.2. 外汇管制（含关税）	−
			1.2.3. 利率管制	−
II. 全球治理能力	1. 国际政治环境		2.1.1. 公众话语权	+
			2.1.2. 政府问责	+
	2. 国内政治环境		2.2.1. 政府效率	+
			2.2.2. 政府信用	+
III. 公共治理能力	1. 财政治理	公共支出	3.1.1. 教育支出	+
			3.1.2. 研发支出	+
			3.1.3. 基建支出	+
			3.1.4. 社会保障支出	+
	2. 宏观治理	经济发展	3.2.1. 贸易占比	+
			3.2.2. 人均收入	+
			3.2.3. 外汇储备	+
			3.2.4. 金融杠杆	−
		公共环境	3.2.5. 医疗卫生	+
			3.2.6. 气候环境	+
			3.2.7. 人文环境	+

（续表）

一级指标	二级指标	三 级 指 标	属性
IV. 法律治理能力	1. 法治建设	4.1.1. 法治水平（制度建设）	+
	2. 法治执行	4.2.1. 腐败管控	+
		4.2.2. 监管质量	+

表 5-3 国家治理体系 2020 年评价指标总排名

排名	国家	A	B	C	D	总分
1	美国	130	167	128	111	137
2	中国	121	143	117	93	122
3	日本	128	113	87	86	103
4	德国	108	151	80	79	101
5	加拿大	105	137	77	77	96
6	法国	93	146	74	69	92
7	俄罗斯	78	144	76	73	91
8	英国	98	106	73	93	91
9	意大利	69	137	67	59	81
10	澳大利亚	70	123	70	58	80
11	巴西	65	126	67	52	77
12	印度	53	122	66	66	76
13	阿根廷	65	115	63	58	74
14	韩国	70	78	63	56	68
15	土耳其	54	120	52	50	66
16	南非	68	84	60	46	66
17	墨西哥	68	97	58	36	65
18	印度尼西亚	55	87	53	45	60
19	沙特阿拉伯	62	75	61	27	60

参考文献

1. 樊纲，王小鲁，张立文.中国各地区市场化相对进程报告［J］.经济研究，2003（03）：9–18.
2. 国家统计局课题组.对国有经济控制力的量化分析［J］.统计研究，2001（01）：3–10.
3. 黄速建，李倩，王季.我国不同所有制经济工业企业效率比较评价——基于熵权法和灰色关联分析法的分析［J］.河北经贸大学学报，2017（38）：3.
4. 李新蕊.主成分分析、因子分析、聚类分析的比较与应用［J］.齐鲁师范学院学报，2007（22）：23–26.
5. 李艳双，曾珍香，张闽.主成分分析法在多指标综合评价方法中的应用［J］.河北工业大学学报，1999（28）：94–97.
6. 李远远.基于粗糙集的指标体系构建及综合评价方法研究［D］.武汉理工大学，2009.
7. 裴长洪.中国公有制经济主体地位的量化估算及其发展状况趋势［J］.中国社会科学，2014（01）：4–29.
8. 任毅，丁黄艳.我国不同所有制经济工业企业经济效率的比较研究——基于规模效率、管理水平和技术创新视角［J］.产业经济研究，2014（01）：103–110.
9. 苏为华.多指标综合评价理论与方法问题研究［D］.厦门大学，2000.
10. 谭劲松，王文焕.公有制经济主体地位的衡量标准与评价体系研究［J］.马克思主义研究，2010（10）：65–74.
11. 汤光华，曾宪报.构建指标体系的原理与方法［J］.河北经贸大学学报，1997（04）：60–62.
12. 赵华荃.关于公有制经济主体地位的量化分析和评价［J］.当代经济研究，2002（03）：47–54.

13. Anand S，Sen A K. Human Development Index：Methodology and Measurement［J］. Human Development Occassional Papers（1992–2007），1994（05）：1433–1434.

14. Kaufmann D，Kraay A，Mastruzzi M. The Worldwide Governance Indicators：Methodology and Analytical Issues［J］. Hague Journal on the Rule of Lau，2011（03）：220–246.

15. Worldwide Governance Indicators-China，2002–2018.

第六章
全球主要国家基本经济制度定量评估与特征研究

一、问题的提出

全球任何国家的经济制度都可以被区分为基本经济制度和非基本经济制度，其中基本经济制度是指国家依据社会性质及基本国情，通过法律对社会经济秩序中生产资料归属作出明确规定的经济制度，是社会经济在生产关系中最基本的规定。尽管西方国家并未有基本经济制度这一理论提法，但是不代表这些国家不存在基本经济制度。基本经济制度体系是一个国家全部经济体系的基础，具有举足轻重的地位和作用。从历史进程来看，一国经济社会能够得到快速发展，其中一个很重要的充分条件便是能够寻找、制定并确立科学合理且符合本国国情的基本经济制度。若基本经济制度出现问题，则该国的经济社会发展便会出现停滞。且由于经济基础决定上层建筑，因此如果一国基本经济制度出现问题，同样会对本国的政治制度产生重大影响，不利于一国的政治稳定和社会发展。中国在1997年的十五大把公有制为主体、多种所有制经济共同发展的制度确立为社会主义初级阶段的基本经济制度以来，不仅保证了社会主义市场经济体制的建立和运转，而且推动了国民经济持续快速健康地发展。

此外，在历史演进发展过程中，全球各国之间的竞争与合作，其本质上都可以看作是不同基本经济制度之间的竞争与合作，各国基本经济制度决定了其在参与全球竞争与合作过程中的路径选择和战略导向。比如，1640年，英国发生资产阶级革命；再过149年，法国也发生资产阶级革命，资本主义制度在西欧确立起来。欧洲主要资本主义国家在资产阶级革命胜利前后，积极向海外进行殖民扩张。它们依靠国内打下基础的先进生产力，采取海盗式掠夺、直接搜刮、贩卖奴隶、走私鸦片以及发动殖民战争、争夺海上霸权等暴力掠夺手段，从亚洲、非洲、美洲攫取大量财富，是资本主义原始积累的重要来源之一，大大加速了欧洲资本主义的发展。以英国为代表的资本主义经济制度国家亟须扩展全球市场的过程中，遭遇闭关锁国的封建制国家——大清帝国，大清帝国以农耕经济和自给自足为主要标志的基本经济制度与英国等资本主义国家资本主义基本经济制度下的利益诉求相冲突，为打开并有效控制中国市场，于是向中国大规模倾销鸦片，并由此引发鸦片战争。由此可见，基本经济制度问题不仅关乎一个国家内部的经济社会发展，还在很大程度上决定全球经济竞争格局和历史进程，是国家之间进行合作和竞争的重要基础条件。

在当前背景下，全球各国内部的经济结构和经济发展战略思路等均面临重大调整，各国基本经济制度可能出现重大变化，这将直接影响全球经济社会的竞争和发展格局，也在很大程度上决定我国在未来发展过程中面临的外部环境和竞争形势，因此，需要我们对此加强分析和研判，对全球主要国家的基本经济制度进行定量评估和特征分析。本章将通过构建全球主要经济体基本经济制度指标体系，定量刻画全球主要国家基本经济制度在过去40多年间的演变趋势和主要特征，前瞻性研判全球主要经济体的基本经济制度发展趋势等，以为“十四五”期间以及未来更长一段时间内我国经济社会发展路径选择和战略制定提供有益借鉴。

二、全球主要国家基本经济制度指标体系构建

目前关于基本经济制度指标体系的研究主要集中在中国的社会主义基本经济制度，针对全球范围内的主要国家和经济体的基本经济制度及其指标体系的研究较少，本章试图弥补现有研究的薄弱之处。构建全球主要国家基本经济制度评价指标体系需要参照当前比较知名的指标体系，如：联合国开发计划署的人类发展状况指数，其综合了健康、教育和生活水平等指标，动态地衡量了人类发展状况，有效地衡量了一个国家的福利水平和社会进步程度；世界银行从1996年开始发布覆盖全球215个国家和地区的全球治理指标（WGI），主要包括话语权和责任、政治稳定性和不存在暴力、政府效率、规管质量、法治、腐败控制六个维度衡量一国政府公共治理成效；樊纲、王小鲁等（2003）以五个方面、23个分指标为基础，用“主因素分析法”（PCA）为基本计

量方法构造“中国各地区市场化进程相对指数”，作为解释体制变革在中国经济绩效改进中作用的有效工具。综上不难发现，目前仍然缺乏一个全面综合统一的指标体系来衡量全球范围内的主要国家和经济体的基本经济制度演进趋势。由于缺乏这套指标体系，导致我们对全球范围内主要国家和经济体的基本经济制度演进和发展趋势及其在基本经济制度基础上进行的一系列对外经济交往和外交战略等缺乏全面系统的了解，这不利于我国有效应对国际经济社会形势的快速变化所带来的挑战。因此，本章在借鉴现有的研究国内基本经济制度指标体系的文献基础上，从发展状况、环境和功能三个维度选取相应指标，构建相对完整的基本经济制度指标体系，以此来衡量全球主要国家和经济体的基本经济制度发展历程和演进趋势。为了验证这套指标体系的科学性和实用性，本章采用G20国家近40年以来的相关数据进行实证分析。

根据马立政（2017）的研究，基本经济制度指标体系应当分为三个子体系，即基本经济制度发展状况、基本经济制度环境和基本经济制度功能。其中，基本经济制度发展状况应当能够反映一国或地区的不同所有制经济的发展状况和水平，因此，本章构建的全球主要国家基本经济制度指标体系中，基本经济制度发展状况下设两个二级指标，分别为私有制经济发展状况和公有制经济发展状况，二级指标下又分别下设两个三级指标，根据指标的代表性和可得性，用私营经济部门的国有信贷和私营经济固定资产增加额来代表私营经济发展状况，用公有制部门的国内信贷和公有制经济固定资产增加额代表公有制经济发展状况。一级指标中的基本经济制度发展环境指标用来表征一国基本经济制度运行面临的内部环境质量，在二级指标下设政府环境和市场环境两个二级指标，用以涵盖发展环境的基本要义，其中政府环境指标下设法律权利力度指数、政策和制度包容性评估、政府采购支出、国家债务还本付息，来描述政府部门对基本经济制度环境的塑造。市场环境下设税收负担、净易货贸易条件指数、股票交易总额比例三个三级指标来衡量一国基本经济制度运行面临的市场环境。基本经济制度功能用以反映一国基本经济制度运行下的经济绩效与成果，参考马立政（2017）的研究思路，我们将基本经济制度功能下设经济功能和非经济功能两个二级指标，用以全面涵盖基本经济制度的功能内涵。其中，经济功能下设五个三级指标，分别为GDP、总储备、中央政府债务占比、外国直接投资流入和短期外债，其中GDP和总储备用来描述一国经济增长水平和财富的积累情况，中央政府债务占比用来衡量一国政府参与经济活动的力度和水平，短期外债用来衡量一国经济社会发展中的债务风险水平。在此与马立政（2017）的基本经济制度指标相比，本章的经济功能三级指标增加了一个外国直接投资流入，用以衡量一个经济运行下对全球资本要素的吸引力。非经济功能二级指标下设基尼系数用以衡量一国收入分配格局的合理性和收入分配差距水平，人均CO_2排放量用以衡量一国经济社会发展过程中对环境造成的负面影响，政府制度和环境的可持续性指标用以衡量政府的系列决策和措施对经济社会以及环境发展的可持续性影响等。

综上所述，根据上述思路构建的全球主要国家基本经济制度指标体系如表6-1所示：

表6-1 全球主要国家基本经济制度指标体系

一级指标	二级指标	三级指标	三级指标属性
基本经济制度发展状况	私有制经济发展状况	私营部门的国内信贷	+
		私营经济固定资产增加额	+
	公有制经济发展状况	国有部门的国内信贷	+
		公有制经济固定资产增加额	+
基本经济制度环境	政府环境	法律权利力度指数	+
		政策与制度包容性评估	+
		政府采购支出	+
		国家债务还本付息	−
	市场环境	税收负担	−
		净易货贸易条件指数	+
		股票交易总额比例	+
基本经济制度功能	经济功能	GDP	+
		总储备	+
		中央政府债务占比	−
		外国直接投资流入	+
		短期外债	−
	非经济功能	基尼系数	−
		人均CO_2排放量	−
		政策与制度的环境可持续性	+

三、全球主要国家基本经济制度指数的计算

（一）数据来源和测算国家选择与说明

本章构建的全球主要国家基本经济制度指标体系中所用指标数据均来自世界银行数据库。部分指标在某些年份存在缺失，本章均用插值法对其进行补全。本章选取的国家主要为G20中除去中国以外的其他18个国家，分别为阿根廷、澳大利亚、巴西、韩国、德国、俄罗斯、法国、加拿大、美国、墨西哥、南非、日本、沙特阿拉伯、土耳其、意大利、印度、印度尼西亚、英国。

（二）全球主要国家基本经济制度指数的计算方法

1. 现有赋权方法分析与选择

目前关于属性权重的确定方法很多，根据计算权重时原始数据的来源不同，可以将这些方法分为三类：主观赋权法、客观赋权法、组合赋权法。

主观赋权法是根据决策者（专家）主观上对各属性的重视程度来确定属性权重的方法，其原始数据由专家根据经验主观判断而得到。常用的主观赋权法有专家调查法（Delphi）、层次分析法（AHP）、二项系数法、环比评分法、最小平方法等。

主观赋权法是人们研究较早、较为成熟的方法，主观赋权法的优点是专家可以根据实际的决策问题和专家自身的知识经验合理地确定各属性权重的排序，不至于出现属性权重与属性实际重要程度相悖的情况。但决策或评价结果具有较强的主观随意性，客观性较

差，同时增加了对决策分析者的负担，应用中有很大局限性。

鉴于主观赋权法的各种不足之处，人们又提出了客观赋权法，其原始数据由各属性在决策方案中的实际数据形成，其基本思想是：属性权重应当是各属性在属性集中的变异程度和对其他属性的影响程度的度量，赋权的原始信息应当直接来源于客观环境，处理信息的过程应当是深入探讨各属性间的相互联系及影响，再根据各属性的联系程度或各属性所提供的信息量大小来决定属性权重。如果某属性对所有决策方案而言均无差异（即各决策方案的该属性值相同），则该属性对方案的鉴别及排序不起作用，其权重应为0；若某属性对所有决策方案的属性值有较大差异，这样的属性对方案的鉴别及排序将起重要作用，应给予较大权重。总之，各属性权重的大小应根据该属性下各方案属性值差异的大小来确定，差异越大，则该属性的权重越大，反之则越小。

常用的客观赋权法有：主成分分析法、熵值法、离差及均方差法、多目标规划法等。其中熵值法用得较多，这种赋权法所使用的数据是决策矩阵，所确定的属性权重反映了属性值的离散程度。

客观赋权法主要是根据原始数据之间的关系来确定权重，因此权重的客观性强，且不增加决策者的负担，方法具有较强的数学理论依据。但是这种赋权法没有考虑决策者的主观意向，因此确定的权重可能与人们的主观愿望或实际情况不一致，使人感到困惑。因为从理论上讲，在多属性决策中，最重要的属性不一定使所有决策方案的属性值具有最大差异，而最不重要的属性却有可能使所有决策方案的属性值具有较大差异。这样，按客观赋权法确定权重时，最不重要的属性可能具有最大的权重，而最重要的属性却不一定具有最大的权重。而且这种赋权方法依赖于实际的问题域，因而通用性和决策人的可参与性较差，没有考虑决策人的主观意向，且计算方法大都比较繁琐。

从上述讨论可以看出，主观赋权法在根据属性本身含义确定权重方面具有优势，但客观性较差；而客观赋权法在不考虑属性实际含义的情况下，确定权重具有优势，但不能体现决策者对不同属性的重视程度，有时会出现确定的权重与属性的实际重要程度相悖的情况。针对主、客观赋权法各自的优缺点，为兼顾到决策者对属性的偏好，同时又力争减少赋权的主观随意性，使属性的赋权达到主观与客观的统一，进而使决策结果真实、可靠，因此，合理的赋权方法应该同时基于指标数据之间的内在规律和专家经验对决策指标进行赋权。目前，这种确定权重的主客观信息集成方法的研究已经引起了重视，并且得到了一些初步的研究成果。

综上所述，三类赋权方法各有优缺点。从本章研究的主要问题来看，全球主要国家基本经济制度指标体系的定量测算属于客观指标评估范畴，且从本章构建的全球主要国家基本经济制度指标来看，其各项细分数据指标内涵均以客观指标为主，并无与主观感受和观点相关的指标内容。因此，分析全球主要国家基本经济制度这一问题，应选取客观赋权法对其各项指标进行赋权重。

本章选择熵值赋权法对全球主要国家指标体系的细分指标进行赋权，之所以选择熵值赋权法，是因为在使用熵值赋权法时，其各指标的权重随着样本的变化而变化，权数依赖于样本，这与前文所述的全球主要国家基本经济制度指标体系中各二级指标的权重应该是随时间及外部环境因素动态调整这一特征相吻合，因此本章选择熵值赋权法对其二级指标籍形赋权校准。

2. 熵值赋权法说明

熵的概念源于热力学，是对系统状态不确定性的一种度量。在信息论中，熵是对不确定性的一种度量。信息量越大，不确定性就越小，熵也就越小；信息量越小，不确定性越大，熵也越大。根据熵的特性，我们可以通过计算熵值来判断一个事件的随机性及无序程度，也可以用熵值来判断某个指标的离散程度，指标的离散程度越大，该指标对综合评价的影响越大。

人们在决策中获得信息的多少和质量，是决策的精度和可靠性大小的决定因素之一。信息论中，信息熵是系统无序程度的度量，信息是系统有序程度的度量，两者绝对值相等，符号相反。熵是信息论中最重要的基本概念，它表示从一组不确定事物中提供信息量的多少。在多指标决策问题中，某项指标的变异程度越大，信息熵越小，该指标提供的信息量就越大，那么在方案评价中所取得的作用就越大，该指标的权重也就越大；反之，某指标的变异程度越小，信息熵越大，该指标所提供的信息量越小，那么该指标的权重也就越小。根据各指标值的变异程度，利用信息熵计算各指标的权重。

熵技术就是利用决策矩阵和各指标的输出熵来确定各指标的权系数的一种方法。

以下考虑n个方案、m个指标的多指标决策问题的决策矩阵$X=(x_{ij})_{m\times n}$。

首先，为了便于计算和优选分析，消除指标间由于量纲不同而带来比较上的困难，可利用标准化公式（6–1）、公式（6–2）将决策矩阵X转变成为标准化决策矩阵$R=(r_{ij})_{m\times n}$。

定义1（评价指标的熵）：在有n个被评价对象、m个评价指标的评估问题中，第i个评价指标的熵定义为：$H_i = -K\sum_{j=1}^{n} f_{ij}\ln f_{ij}$ $i = 1, 2, \cdots, m; j = 1, 2, \cdots, n$其中$K = (\ln n)^{-1}$，$f_{ij} = \frac{r_{ij}}{\sum_{j=1}^{n} r_{ij}}$；并假定，当$f_{ij} = 0$，$f_{ij}\ln f_{ij} = 0$。

由于$0 \leqslant f_{ij} \leqslant 1$，所以$0 \leqslant -\sum_{j=1}^{n} f_{ij}\ln f_{ij} \leqslant \ln n$，也由此可知，$0 \leqslant H_i \leqslant 1$。

定义2（评价指标的熵权）：在（m，n）评价问题中，第i个评价指标的熵权w_i定义为：$w_i = \frac{1 - H_i}{m - \sum_{i=1}^{m} H_i}$。

由上述定义以及熵函数的性质可以得到如下熵权的性质：

（1）各被评价对象在指标i上的值完全相同时，熵值达到最大值1，熵权为0。这也意味着该指标向决策者未提供任何有用信息，该指标可以考虑被取消。

（2）当各被评价对象在指标i上的值相差较大、熵值较小、熵权较大时，说明该指标向决策者提供了有用的信息。同时还说明在该问题中，各对象在该指标上有明显差异，应重点考察。

（3）指标的熵越大，其熵权越小，该指标越不重要，而且满足

$$0 < w_i < 1 \text{ 且 } \sum_{i=1}^{m} w_i = 1。$$

（4）作为权数的熵权，有其特殊意义。它并不是在决策或评估问题中某指标的实际意义上的重要性系数，而是在给定被评价对象集后各种评价指标值确定的情况下表示各指标在竞争意义上的相对激烈程度系数。

（5）从信息角度来考虑，它代表了该指标在该问题中提供有

用信息量的多寡程度。

（6）熵权的大小与被评价对象有直接关系。

熵值法确定各指标的权系数步骤如下：

① 数据的非负数据化处理：

由于熵值法计算采用的是各个方案某一指标占同一指标值总和的比值，因此不存在量纲的影响，不需要进行标准化处理，若数据中有负数，就需要对数据进行非负化处理。此外，为了避免求熵值时对数的无意义，需要进行数据平移：

对于越大越好的指标：$r_{ij} = \dfrac{x_{ij} - x_i^{\min}}{x_i^{\max} - x_i^{\min}} + 1$；（6–1）

对于越小越好的指标：$r_{ij} = \dfrac{x_i^{\max} - x_{ij}}{x_i^{\max} - x_i^{\min}} + 1$。（6–2）

为了方便起见，仍记非负化处理后的数据为r_{ij}。

② 由$R=(r_{ij})_{m\times n}$计算第i项指标下第j个方案占该指标的比重f_{ij}

$$f_{ij} = \frac{r_{ij}}{\sum_{i=1}^{m} r_{ij}} \quad i = 1,2,\cdots,m; j = 1,2,\cdots,n。 \tag{6–3}$$

③ 第i个评价指标f_i输出的熵

$$H_i = -K\sum_{j=1}^{n} f_{ij}\ln f_{ij} \quad j = 1,2,\cdots,n。 \tag{6–4}$$

④ 各目标的熵权系数$w_i = \dfrac{1 - H_i}{m - \sum_{i=1}^{m} H_i}$　$i = 1,2,\cdots,m$。（6–5）

（三）全球主要国家基本经济制度指数计算结果及其分析

1. 全球主要国家基本经济制度指数总得分情况分析

图6–1展示了各国基本经济制度指数的得分及其变动趋势情

况，从图中可见，中国和美国的基本经济制度指数得分相对于其他国家明显偏高，且从变化趋势上来看，中国的基本经济制度指数在2000年之后开始呈快速增长态势，表明我国的基本经济制度在加快完善和进步。美国的基本经济制度指数也呈显著的逐年递增态势，但是其在近年来的基本经济制度指数得分在震荡中呈现出上升的态势，且在2016年之后，美国的基本经济制度指数得分呈阶段性下降态势，这很可能与2017年后其政府的一系列政策措施密切相关。其他国家的基本经济制度指数得分基本都在45分以下，与中美两国存在较为显著的差距。从发展趋势来看，俄罗斯的基本经济制度指数在2000—2010年间呈显著的逐年递增态势，尽管增长速度不是很快；从2010年开始，俄罗斯的基本经济制度指数得分增速放缓，且开始呈现缓慢下降的态势。英国的基本经济制度指数在2000年之前呈显著的上升态势，但是在2000年之后，英国的基本经济制度指数开始呈现震荡曲折发展态势，且在2010年之后有较大幅度的突然下滑。沙特阿拉伯的基本经济制度指数在2000年前基本保持平稳状态，2000年之后开始呈现显著增长态势。墨西哥的基本经济制度指数在1990年前呈显著下降趋势，在1990年之后开始逐年上升。

综上所述，从19个被测算国家的基本经济制度指数得分水平及其变动趋势来看，中国和美国在基本经济制度方面较其他国家有显著比较优势，但是美国在特朗普政府上台后，其基本经济制度指标得分开始出现震荡。其余国家的基本经济制度指数得分与中美两国相比存在显著差距，但是基本都呈现缓慢的逐年上升趋势。

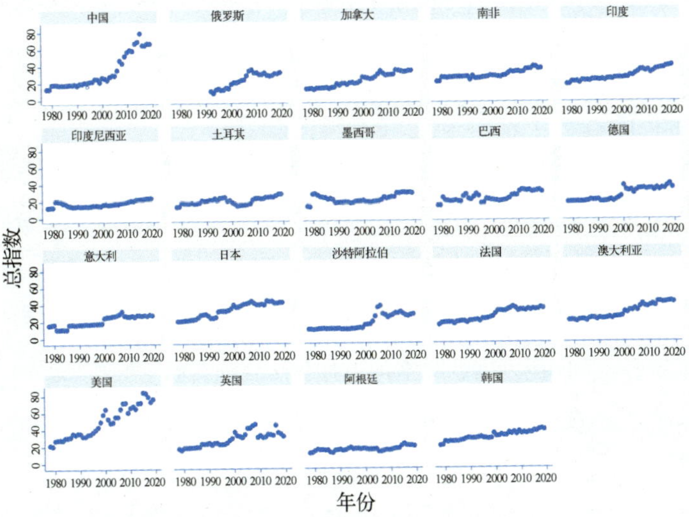

图6-1　主要国家基本经济制度总指数散点图（1978—2020）

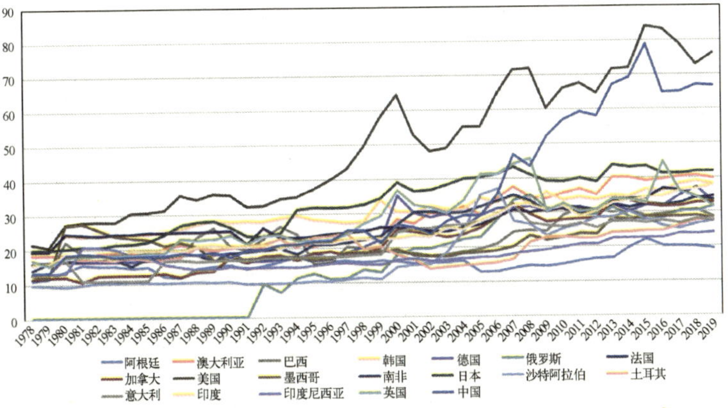

图6-2　主要国家基本经济制度总指数折线图（1978—2019）

2. 全球主要国家基本经济制度分项指标结构特征分析

（1）全球主要国家基本经济制度发展状况分析

由表6-2数据结果可见，中国的基本经济制度发展状况指标得分由2001年的29.00分上升至2019年的43.39分，这段时间中国的民营经济和国有经济呈现快速增长态势，党和国家不断根据经济社会发展涌现出的新需求和新特征，不断完善和发展中国特色社会主义基本经济制度。从其他国家的基本经济制度发展状况指标得分情况来看，阿根廷、巴西、沙特阿拉伯、土耳其和印度尼西亚的基本经济制度指标得分总体较低，在2001年的基本经济制度发展状况指标得分低于10分，从发展趋势来看，阿根廷的基本经济制度发展状况指标得分并未呈显著的上升态势，而是呈现震荡下降的态势；巴西和阿根廷同为南美洲国家，其基本经济制度发展状况指标得分虽然在2001年较低，但是近年来一直呈显著逐年上升态势。韩国、美国、南非、日本和英国的基本经济制度发展状况指标得分总体较高，这部分国家都为发达国家，经济发展水平较高，基本经济制度较为完善，其中美国在所有国家中的基本经济制度发展状况指标得分水平最高。

表6-2　主要国家基本经济制度二级指标：基本经济制度发展状况（2001—2019）

年份	阿根廷	澳大利亚	巴西	韩国	德国	俄罗斯	法国	加拿大	美国	墨西哥
2001	5.49	45.70	7.64	55.15	29.62	22.95	20.29	32.09	65.12	22.11
2002	4.04	47.69	7.81	57.61	29.36	21.79	20.05	31.16	62.18	21.15
2003	2.84	51.83	7.30	57.56	28.97	23.19	19.91	29.95	66.26	21.29
2004	2.55	53.61	7.74	55.95	28.05	24.17	20.19	30.53	69.27	21.79
2005	2.81	55.41	8.39	56.81	27.79	22.29	21.12	32.16	71.09	22.10
2006	3.14	57.49	9.34	60.24	26.90	24.48	22.20	35.45	73.65	23.77
2007	3.45	58.82	10.72	61.81	25.60	28.25	23.40	32.64	74.63	24.76

（续表）

年份	阿根廷	澳大利亚	巴西	韩国	德国	俄罗斯	法国	加拿大	美国	墨西哥
2008	3.25	59.76	12.06	65.78	25.56	33.20	24.38	32.78	67.15	24.83
2009	3.27	59.05	12.52	63.29	26.03	35.94	25.05	34.21	63.84	23.79
2010	3.34	58.27	13.90	61.82	23.32	33.16	25.27	33.88	63.57	23.76
2011	3.69	56.78	15.31	62.68	22.37	10.99	25.52	33.32	62.04	25.37
2012	4.01	58.17	16.48	61.76	22.09	11.57	25.44	34.10	63.17	27.01
2013	4.14	59.98	16.93	60.67	21.63	12.66	25.30	34.18	66.06	26.22
2014	3.64	59.98	17.40	61.82	20.90	14.45	24.79	33.99	66.98	26.32
2015	3.80	61.34	17.61	62.03	20.56	14.74	25.06	34.22	66.27	29.24
2016	3.60	61.87	16.38	63.41	20.42	13.99	25.66	34.47	67.84	30.33
2017	4.21	59.44	15.68	65.84	20.59	13.72	26.71	34.43	70.69	30.31
2018	3.91	59.48	16.13	65.83	20.73	13.40	27.51	34.55	68.57	30.07
2019	4.12	57.37	16.80	67.38	21.21	13.80	28.37	34.73	72.52	29.73

年份	南非	日本	沙特阿拉伯	土耳其	意大利	印度	印度尼西亚	英国	中国
2001	50.92	69.51	7.14	0.00	15.90	32.76	0.00	31.75	29.00
2002	43.16	67.61	7.63	0.00	16.35	32.15	0.00	32.93	30.96
2003	45.22	67.45	7.44	0.00	17.22	31.85	0.00	34.19	33.12
2004	48.67	65.84	8.53	0.00	17.85	35.51	0.00	36.21	31.26
2005	52.57	66.22	9.33	0.00	18.67	38.37	0.00	37.78	29.47
2006	59.14	66.03	8.89	0.00	19.97	39.62	0.00	40.53	28.77
2007	61.33	63.83	9.77	0.00	21.56	42.38	0.00	44.74	27.88
2008	58.88	63.25	9.93	8.87	22.05	41.62	0.00	50.50	26.88
2009	58.56	62.73	12.02	9.84	23.08	40.60	7.29	50.75	32.78
2010	57.45	60.05	10.32	11.77	24.52	41.11	7.18	48.85	33.36
2011	54.84	60.70	8.99	13.02	24.79	43.26	7.93	44.97	32.44
2012	56.61	61.34	9.58	13.76	24.71	42.80	8.81	42.40	33.97

（续表）

年份	南非	日本	沙特阿拉伯	土耳其	意大利	印度	印度尼西亚	英国	中国
2013	58.43	62.75	10.60	16.00	23.94	40.49	9.50	39.39	35.40
2014	58.78	63.48	11.67	16.81	23.35	39.12	9.60	35.72	36.96
2015	57.41	62.94	14.74	17.61	23.02	37.13	10.31	34.48	40.21
2016	55.73	43.17	15.31	18.41	22.38	36.39	10.38	34.81	41.17
2017	56.07	44.45	14.22	18.67	21.29	36.37	10.21	35.30	40.82
2018	53.33	44.64	16.58	17.93	20.28	37.35	10.23	35.44	41.59
2019	53.51	46.04	17.29	17.38	19.61	36.41	9.95	35.23	43.39

（2）全球主要国家基本经济制度功能指标得分情况分析

图6–3给出了全球主要国家基本经济制度功能指标得分情况，由图可见，中国的基本经济制度功能指标得分在2005年之前增长较为缓慢，在2005年之后开始呈现快速增长态势，表明从2005年开始，中国的基本经济制度对我国的经济发展、环境保护和社会进步等各个方面的推动作用开始更加凸显，我国的基本经济制度越来越适应社会生产力的发展，最终推动了生产力的不断进步。从全球其他国家的基本经济制度功能指标得分情况来看，处于显著上升态势的国家主要有美国、日本和印度，其中美国的增长态势更为显著，日本和印度呈现缓慢上升的态势。其余国家的基本经济制度功能指标得分趋势不明朗，大部分国家呈平缓趋势，其中俄罗斯的基本经济制度功能指标得分在2013年还出现一个稍显断崖式的下滑，如何探索适合本国基本国情的基本经济制度，以有力推动本国经济社会的全面快速发展，仍然是各国面临的主要任务和难题。

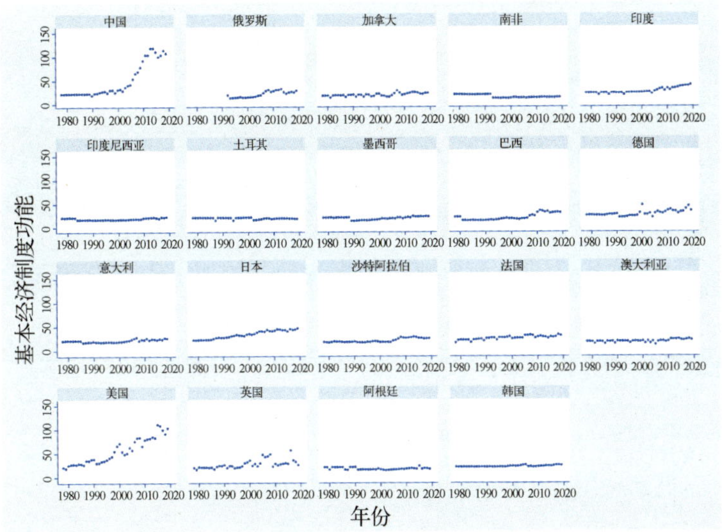

图6-3 全球主要国家基本经济制度功能指标得分情况图

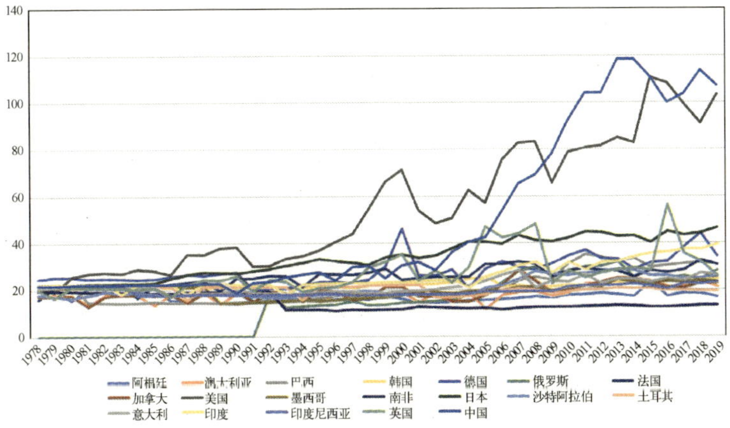

图6-4 全球主要国家基本经济制度功能得分折线图

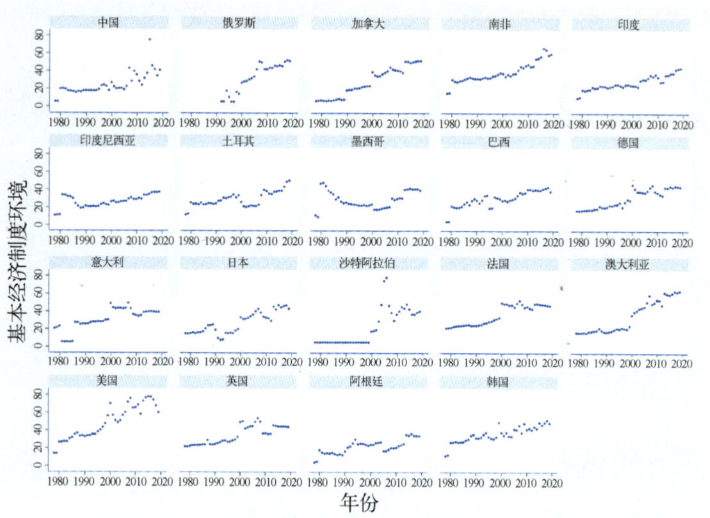

图 6-5　全球各国基本经济制度环境指标得分示意图

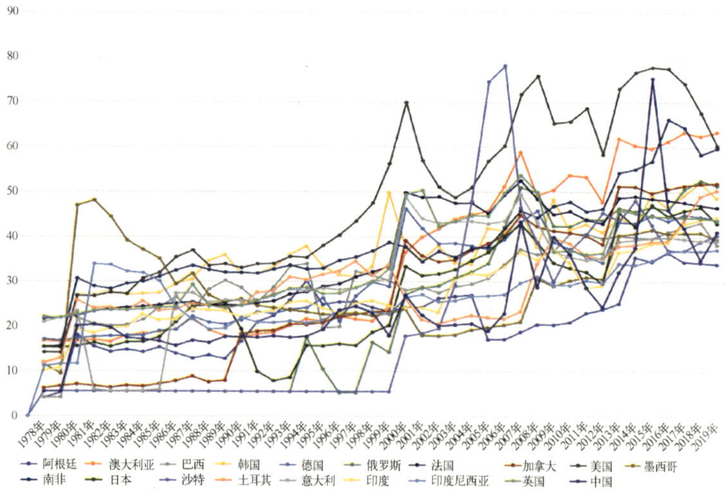

图 6-6　全球各国基本经济制度环境指标得分折线图

（3）全球主要国家基本经济制度环境指标得分情况分析

图6-5和6-6给出了全球主要国家的基本经济制度环境指标得分情况，与基本经济制度发展状况和基本经济制度功能指标的得分变动趋势相比，基本经济制度环境指标得分变动更为曲折和动荡，并未如其他分项指标那样平滑，这也表明一国基本经济制度发展环境受国内外环境因素的影响，其变动幅度和各种冲击往往比较大，更好地顺应国内外的经济社会发展环境趋势，把握环境中的机遇，规避环境变化过程中带来的挑战，将是一国保证自身基本经济制度平稳发展的重要前提条件。从具体国家来看，中国的基本经济制度发展环境在2008年之前基本保持平滑的发展态势，但是在2008年全球金融危机之后，中国的基本经济制度发展环境指标得分开始出现显著波动。从其他国家来看，俄罗斯、加拿大、南非、印度、韩国、澳大利亚、巴西和德国的基本经济制度环境指标得分呈现显著的较为连续的增长态势，印度尼西亚和墨西哥的基本经济制度环境指标得分呈现先降后增的态势，土耳其、意大利、日本、沙特阿拉伯、阿根廷和英国的基本经济制度环境指标得分呈现震荡上升态势，即上述国家的基本经济制度环境指标得分存在阶段性的波动。美国和韩国的基本经济制度环境指标得分总体呈上升态势，但是均在2000年后呈现震荡上升态势，同时，美国的基本经济制度环境指标得分也在2016年后呈现显著下降态势。

附件：

附表6-1　主要国家基本经济制度总指数（1978—2019）

年份	阿根廷	澳大利亚	巴西	韩国	德国	俄罗斯	法国	加拿大	美国	墨西哥	南非	日本	沙特阿拉伯	土耳其	意大利	印度	印度尼西亚	英国	中国
1978	11.11	18.42	12.99	19.29	16.19	—	14.09	11.70	21.68	12.72	19.48	19.97	9.70	12.99	15.84	15.59	12.96	16.87	13.27
1979	11.62	18.51	13.00	19.89	16.37	—	16.27	11.96	20.68	12.07	19.45	19.93	9.49	13.37	16.30	15.93	13.09	15.42	13.30
1980	13.77	18.44	22.34	24.36	16.53	—	16.68	12.20	27.40	27.11	24.57	20.23	9.14	17.70	16.92	18.71	13.17	17.71	18.30
1981	15.51	17.20	18.81	23.67	16.37	—	16.94	10.80	27.97	27.59	24.22	20.76	9.70	17.10	11.03	18.29	20.61	17.98	18.58
1982	15.09	18.92	18.41	24.46	16.48	—	17.07	12.47	28.16	25.81	24.00	20.65	10.34	17.11	10.92	18.66	20.53	18.14	18.42
1983	15.02	19.12	17.98	24.27	16.48	—	17.19	12.67	28.00	23.99	24.44	21.31	10.26	16.88	11.00	17.11	20.05	18.23	17.73
1984	14.67	18.98	18.15	24.25	16.38	—	15.26	12.57	30.57	23.41	24.44	21.46	10.46	17.56	10.96	19.83	18.17	18.29	17.84
1985	14.81	17.85	19.01	24.32	16.76	—	17.50	12.64	30.77	22.94	24.69	22.12	10.25	16.83	11.04	19.55	17.55	18.72	17.95
1986	11.99	20.32	17.98	25.01	17.25	—	17.96	13.07	31.37	21.10	24.69	24.24	10.09	16.94	16.60	19.76	15.59	18.75	18.03
1987	11.61	21.14	17.47	25.70	18.71	—	18.37	11.94	35.71	22.00	24.93	26.83	10.25	17.63	16.92	19.21	14.77	22.87	18.53
1988	14.33	20.73	23.56	27.07	18.07	—	18.24	13.30	34.45	20.67	24.96	27.76	10.37	20.40	16.38	20.76	14.04	22.43	18.25
1989	14.87	19.19	26.20	28.12	18.23	—	16.61	13.63	35.95	16.94	25.02	28.18	10.37	19.83	16.52	21.02	14.15	22.79	18.88
1990	15.25	20.86	20.81	27.68	18.76	—	18.80	17.48	35.59	17.25	25.12	26.35	10.44	20.09	16.97	20.64	14.77	23.76	17.59

（续表）

年份	阿根廷	澳大利亚	巴西	韩国	德国	俄罗斯	法国	加拿大	美国	墨西哥	南非	日本	沙特阿拉伯	土耳其	意大利	印度	印度尼西亚	英国	中国
1991	14.08	20.32	19.71	27.79	16.29	—	19.00	15.95	32.26	17.11	21.32	23.59	9.75	21.07	16.61	20.53	14.46	21.35	19.53
1992	14.88	20.26	22.85	27.72	16.34	9.66	19.59	17.83	32.38	17.31	25.95	23.44	9.72	21.13	17.04	21.12	14.45	23.66	19.74
1993	16.20	20.87	26.49	28.55	16.72	7.16	20.01	18.11	34.40	17.69	23.08	24.44	9.79	22.74	17.26	19.79	14.60	23.88	20.84
1994	17.70	21.62	24.12	29.29	17.28	11.34	18.32	16.55	35.05	17.61	23.12	31.17	9.94	20.34	17.16	21.51	14.46	22.06	20.98
1995	15.82	20.46	15.51	28.08	18.62	12.61	21.03	18.54	37.39	16.55	23.55	31.86	10.46	23.22	17.50	21.57	14.84	22.11	21.78
1996	16.08	22.07	15.93	27.62	16.91	10.83	21.08	18.99	40.16	17.09	24.11	31.70	10.32	23.58	17.55	21.41	15.55	22.45	22.02
1997	16.30	22.21	20.36	27.13	18.61	11.22	21.58	17.81	43.12	18.69	24.40	31.78	10.89	24.34	17.62	22.43	15.63	23.94	25.07
1998	15.83	22.35	20.02	27.54	20.21	13.65	22.36	18.27	49.55	18.74	24.92	32.60	11.35	19.62	17.93	22.60	15.18	27.02	25.08
1999	16.34	23.41	19.24	33.58	22.37	12.89	23.46	20.15	58.12	18.92	26.04	34.48	10.95	20.51	18.13	22.81	15.02	29.13	21.43
2000	15.94	28.27	18.80	30.25	35.08	17.92	26.92	25.32	64.52	19.51	25.75	39.06	14.52	17.99	24.53	22.64	16.48	36.56	26.81
2001	15.29	27.03	18.47	30.19	29.99	19.60	30.29	24.58	52.90	17.83	25.48	36.42	14.96	16.45	25.67	23.43	16.71	32.32	25.88
2002	15.53	29.93	17.74	31.76	28.80	19.69	30.50	23.91	48.13	17.55	24.75	36.68	15.26	13.84	25.68	23.13	16.10	31.54	23.92
2003	15.60	29.49	18.00	30.83	29.84	20.93	29.98	23.07	48.96	17.38	24.55	38.29	18.54	14.26	26.37	25.73	16.21	29.99	27.66
2004	15.91	31.78	18.79	31.04	26.02	22.29	30.09	23.75	55.20	18.22	25.75	39.93	24.73	14.73	26.77	25.26	16.70	33.45	29.27
2005	12.80	29.43	19.46	34.15	29.26	22.96	31.77	25.74	55.14	18.64	26.59	40.48	35.20	14.98	27.56	27.71	17.04	41.19	29.21

（续表）

年份	阿根廷	澳大利亚	巴西	韩国	德国	俄罗斯	法国	加拿大	美国	墨西哥	南非	日本	沙特阿拉伯	土耳其	意大利	印度	印度尼西亚	英国	中国
2006	12.97	34.14	21.07	32.84	31.26	27.93	33.35	28.72	64.58	19.03	28.78	41.33	36.92	15.59	29.05	29.49	17.05	41.40	35.33
2007	13.76	37.43	24.39	34.86	31.38	33.52	35.11	32.41	71.65	20.11	30.76	43.37	27.54	16.43	32.08	32.09	18.05	44.11	46.85
2008	14.56	34.46	24.91	32.30	31.65	34.90	33.38	29.56	71.93	23.37	29.92	41.01	26.39	21.28	27.04	32.06	18.60	45.58	43.43
2009	14.36	33.95	24.61	35.65	30.55	31.02	30.15	27.34	60.42	21.90	30.74	39.20	23.25	22.78	26.21	30.62	19.06	30.31	52.03
2010	14.94	35.53	29.21	33.35	31.04	31.27	31.42	27.85	66.05	22.81	30.89	38.98	25.14	22.91	25.83	31.76	19.84	32.46	56.87
2011	15.82	36.78	31.10	34.06	31.25	29.15	31.37	28.17	67.63	23.79	29.83	39.90	26.42	22.49	26.94	28.77	20.56	30.16	59.15
2012	16.44	35.02	30.44	33.39	29.26	29.25	30.50	28.24	64.70	23.64	30.39	38.95	28.45	22.51	25.54	30.26	20.56	30.76	57.93
2013	16.61	40.09	29.92	34.59	32.09	31.12	32.27	33.39	71.57	28.23	33.54	43.87	28.44	23.96	27.38	32.60	22.21	33.85	66.95
2014	19.70	39.97	30.42	34.30	29.98	28.24	31.27	33.12	71.97	27.77	33.71	43.04	29.93	24.06	27.36	33.25	22.33	33.57	69.04
2015	22.01	39.09	28.70	36.32	31.76	27.34	32.29	32.26	84.11	28.57	33.90	43.36	27.74	24.45	26.89	34.07	22.37	32.62	78.90
2016	20.02	39.43	29.39	35.96	31.54	28.07	31.99	31.50	83.28	28.63	36.76	41.24	25.87	24.40	27.53	34.26	22.51	44.55	64.73
2017	20.03	40.22	29.92	37.92	34.70	30.10	32.39	31.65	78.93	28.51	36.29	41.11	25.07	25.93	26.80	36.06	23.61	35.74	64.84
2018	19.86	40.59	30.56	38.79	37.03	30.10	34.14	32.59	72.81	28.81	33.98	41.82	26.38	27.53	27.94	36.64	23.46	34.29	66.82
2019	19.14	39.62	28.64	37.74	32.71	31.43	33.32	32.77	76.21	27.98	34.47	41.85	27.13	27.74	27.45	37.54	23.86	31.44	66.53

附表 6-2 主要国家基本经济制度二级指标：基本经济制度功能（1978—2019）

年份	阿根廷	澳大利亚	巴西	韩国	德国	俄罗斯	法国	加拿大	美国	墨西哥	南非	日本	沙特阿拉伯	土耳其	意大利	印度	印度尼西亚	英国	中国
1978	20.78	17.70	22.11	20.96	24.67	—	16.09	17.13	21.53	20.93	19.49	22.06	17.96	21.24	20.80	22.08	21.75	19.73	21.70
1979	20.80	17.72	22.14	20.85	25.36	—	21.12	17.13	19.03	21.01	19.38	21.98	17.27	21.42	21.20	22.16	21.76	16.46	21.82
1980	15.60	17.51	22.06	20.83	25.36	—	21.77	17.33	25.61	21.13	19.48	22.24	16.48	21.41	21.54	22.24	21.85	21.21	21.89
1981	20.87	13.43	14.77	20.84	24.68	—	21.52	12.89	27.04	21.30	19.19	22.54	17.79	21.39	21.34	22.20	21.85	20.70	21.93
1982	20.79	17.57	14.69	20.85	24.81	—	21.46	17.30	27.54	20.59	19.02	22.43	19.03	21.35	21.30	22.21	21.84	20.64	22.02
1983	20.82	17.89	14.37	20.81	24.73	—	21.48	17.94	26.93	21.13	18.97	22.73	18.50	21.32	21.46	18.09	21.83	20.54	22.12
1984	20.74	17.44	14.63	20.75	24.45	—	16.78	17.89	28.90	21.24	18.81	22.72	18.83	21.29	21.37	22.22	17.66	19.96	22.23
1985	21.02	13.35	14.98	20.68	24.54	—	21.74	17.55	28.18	21.26	18.67	23.06	18.14	21.22	21.30	22.27	17.66	20.51	22.28
1986	15.51	18.02	14.51	20.73	25.51	—	22.54	18.02	26.48	21.17	18.75	24.83	17.51	21.19	17.56	22.32	17.63	17.02	22.25
1987	15.03	17.79	14.48	20.76	26.62	—	23.30	14.51	35.37	21.31	18.89	26.56	17.89	15.56	18.26	18.20	17.90	22.26	22.28
1988	20.99	18.28	14.54	20.83	26.17	—	23.70	18.45	35.14	21.32	18.87	27.60	17.87	21.25	18.69	22.38	17.91	24.05	22.45
1989	20.85	13.87	14.33	20.90	26.87	—	19.64	18.59	38.02	14.25	18.93	27.24	17.95	21.31	18.58	22.36	17.95	23.98	22.54
1990	21.22	18.50	14.77	20.81	27.37	—	24.89	19.21	38.58	14.15	19.03	27.06	18.70	21.16	19.76	21.96	17.58	25.77	18.59
1991	15.34	18.04	15.07	20.84	20.15	—	24.91	14.88	30.21	14.65	19.03	28.05	17.08	21.13	18.82	21.86	17.66	19.40	23.04

（续表）

年份	阿根廷	澳大利亚	巴西	韩国	德国	俄罗斯	法国	加拿大	美国	墨西哥	南非	日本	沙特阿拉伯	土耳其	意大利	印度	印度尼西亚	英国	中国
1992	15.84	18.13	15.89	20.74	20.55	18.40	25.98	19.01	30.40	14.91	19.28	28.87	16.81	21.13	18.74	21.95	17.67	24.07	23.50
1993	15.90	17.98	15.11	20.60	20.64	12.52	25.73	18.68	33.39	15.36	11.51	30.26	16.60	21.13	18.41	17.94	17.70	23.50	25.22
1994	15.89	17.94	15.65	20.74	21.71	12.85	21.39	15.12	34.70	15.55	11.37	31.47	16.74	15.68	18.41	22.31	17.77	19.03	26.52
1995	15.64	14.75	16.54	21.02	23.16	13.31	26.81	19.61	37.07	15.33	11.39	33.34	17.95	21.19	18.80	22.50	18.12	20.51	27.37
1996	15.74	17.86	17.55	20.99	23.18	13.66	26.48	19.16	40.75	15.43	11.09	32.27	17.82	21.16	19.14	22.62	18.12	20.92	23.97
1997	16.08	18.31	18.25	20.60	22.77	15.14	26.34	15.64	44.00	16.13	11.43	31.54	19.07	21.13	19.03	22.80	17.49	23.22	29.75
1998	15.73	18.04	19.38	21.42	24.11	13.48	27.25	16.40	54.56	16.35	11.14	30.67	19.36	21.46	18.45	22.75	17.50	29.49	30.06
1999	17.52	17.35	18.37	22.24	29.95	13.70	28.91	21.04	66.22	16.67	11.37	33.94	18.67	21.73	18.73	22.84	17.52	31.70	24.87
2000	15.99	18.70	18.92	22.49	46.15	14.28	24.12	21.04	71.29	17.54	11.73	35.06	17.62	21.68	19.29	23.04	17.98	35.21	30.36
2001	14.75	14.24	17.80	22.00	25.98	14.64	24.93	17.04	54.06	19.12	12.78	33.68	17.89	21.85	19.51	23.32	18.02	23.93	31.80
2002	14.32	18.84	17.08	22.24	25.92	14.95	25.41	16.88	48.58	18.94	12.31	34.73	17.57	16.45	20.11	23.67	17.87	27.96	28.27
2003	14.64	14.41	16.77	23.04	28.49	15.87	25.32	15.06	50.76	18.29	12.08	37.80	17.80	16.63	21.12	24.15	17.93	22.97	36.03
2004	15.22	18.32	18.03	24.39	20.29	17.61	25.45	14.76	62.54	19.20	12.01	40.71	17.16	17.07	21.76	20.49	18.34	29.31	40.38
2005	15.59	11.49	18.29	25.04	28.61	18.47	30.84	17.55	57.02	19.60	12.12	40.44	20.46	18.04	23.74	25.44	19.02	46.93	42.23
2006	15.83	17.39	19.22	21.11	31.97	22.86	30.88	21.88	75.62	19.45	11.43	39.77	21.86	19.64	26.22	27.58	18.79	42.31	53.84

（续表）

年份	阿根廷	澳大利亚	巴西	韩国	德国	俄罗斯	法国	加拿大	美国	墨西哥	南非	日本	沙特阿拉伯	土耳其	意大利	印度	印度尼西亚	英国	中国
2007	16.28	18.63	23.85	21.51	29.62	27.67	32.08	28.18	82.73	21.07	12.13	43.21	24.39	20.36	28.16	30.07	19.13	43.94	65.21
2008	16.86	18.85	25.45	20.52	28.33	29.74	30.83	23.34	83.16	21.08	12.33	41.06	27.70	19.91	20.90	31.62	19.23	48.09	69.08
2009	16.47	16.96	24.04	20.99	31.08	25.48	25.67	18.32	65.68	19.37	12.41	40.63	26.45	18.44	23.74	26.92	19.04	22.48	78.12
2010	17.39	18.38	31.18	21.46	34.50	27.21	28.01	19.96	78.69	20.58	12.45	42.07	26.02	18.93	23.15	31.65	20.92	28.08	92.32
2011	17.72	22.23	35.14	21.82	36.76	29.66	29.27	21.46	80.68	21.61	12.65	44.65	26.71	19.62	26.20	28.28	21.45	24.84	103.97
2012	18.35	21.93	33.93	21.98	33.17	29.88	27.93	22.84	81.52	20.94	12.80	44.36	27.45	19.88	22.47	31.58	21.59	27.09	103.94
2013	17.67	22.00	32.01	22.72	32.93	31.77	27.64	24.77	84.95	24.38	13.18	42.81	28.43	20.27	24.33	32.05	21.71	28.09	118.36
2014	17.05	22.99	33.37	22.89	28.47	24.81	25.23	24.26	82.67	22.91	12.82	43.02	27.99	19.98	24.24	33.85	22.17	29.28	118.41
2015	23.13	20.94	29.40	22.31	31.33	21.75	28.00	23.28	110.66	22.99	12.42	40.17	25.88	20.01	22.98	35.34	21.23	28.08	110.60
2016	16.97	20.24	30.34	23.13	31.95	24.38	27.29	20.68	108.33	23.41	12.43	44.95	25.71	19.44	24.60	35.93	20.03	56.22	99.93
2017	18.35	21.43	31.05	24.59	38.15	25.57	28.15	20.46	99.56	23.01	12.61	43.17	24.33	19.45	23.55	36.94	22.43	35.34	103.52
2018	18.22	22.93	31.57	24.37	43.96	24.19	32.51	22.35	91.10	23.78	13.06	44.14	24.87	19.16	26.94	37.09	22.15	31.97	113.53
2019	16.70	20.77	30.72	24.03	34.07	28.02	30.60	22.56	103.39	23.10	13.02	46.49	25.25	18.81	26.07	39.19	23.00	25.66	107.16

附表6-3 主要国家基本经济制度二级指标：基本经济制度环境（1978—2019）

年份	阿根廷	澳大利亚	巴西	韩国	德国	俄罗斯	法国	加拿大	美国	墨西哥	南非	日本	沙特阿拉伯	土耳其	意大利	印度	印度尼西亚	英国	中国
1978	4.14	16.75	4.13	11.68	17.10	—	21.70	6.22	14.18	11.45	15.39	15.38	5.51	11.90	20.97	10.00	11.13	22.03	5.51
1979	5.18	16.50	4.14	12.76	16.76	—	21.84	6.64	14.09	9.43	15.62	15.19	5.51	12.77	21.84	10.63	11.53	21.80	5.51
1980	18.03	16.62	21.87	26.84	17.24	—	22.24	7.02	26.75	46.88	30.66	15.49	5.51	25.75	23.27	19.25	11.65	22.59	19.99
1981	15.45	16.88	20.51	26.80	17.63	—	23.33	6.69	26.69	48.01	28.86	16.29	5.51	23.98	5.89	18.30	33.90	23.42	20.34
1982	14.27	16.47	20.06	27.72	17.77	—	23.80	6.31	27.46	44.41	28.31	15.42	5.51	24.08	5.61	19.37	33.66	23.55	19.64
1983	14.77	17.92	20.32	26.90	17.90	—	24.15	6.77	27.20	39.14	29.42	16.40	5.51	23.42	5.64	19.75	32.25	23.55	17.42
1984	14.24	18.32	21.43	27.08	17.95	—	24.33	6.59	30.74	37.07	29.96	16.51	5.51	25.50	5.65	22.44	31.92	23.79	17.14
1985	15.30	18.80	24.23	27.31	18.96	—	24.73	7.13	32.01	35.12	31.10	17.58	5.51	23.39	5.97	21.19	30.08	24.17	16.65
1986	13.92	19.27	26.53	29.19	19.20	—	25.08	7.81	35.43	29.35	32.50	20.93	5.51	23.75	27.34	21.56	24.25	24.22	15.64
1987	12.84	21.80	23.34	30.46	22.15	—	25.37	8.79	36.91	31.80	33.56	24.38	5.51	25.00	27.42	23.78	21.45	29.23	16.82
1988	13.54	19.14	28.23	34.53	20.83	—	24.48	7.57	33.56	26.90	32.64	24.68	5.51	24.56	25.28	23.42	19.27	24.46	16.33
1989	12.75	17.80	30.21	35.84	20.42	—	24.74	7.91	33.96	25.32	32.04	25.28	5.51	23.89	25.83	23.27	19.51	24.15	17.67
1990	16.61	17.38	28.59	31.96	21.35	—	24.63	18.22	33.12	26.06	32.02	19.36	5.51	24.60	25.66	21.94	21.87	24.50	17.64
1991	20.97	18.16	25.46	31.82	23.16	—	25.21	18.87	33.94	24.50	31.82	9.88	5.51	27.46	25.78	22.85	20.83	25.71	17.50

（续表）

年份	阿根廷	澳大利亚	巴西	韩国	德国	俄罗斯	法国	加拿大	美国	墨西哥	南非	日本	沙特阿拉伯	土耳其	意大利	印度	印度尼西亚	英国	中国
1992	22.36	18.57	28.77	33.06	22.76	5.51	25.60	19.06	34.07	24.12	32.80	7.86	5.51	27.81	27.17	23.39	20.79	26.80	17.82
1993	25.87	20.10	33.48	35.92	23.81	5.51	27.18	20.45	35.62	23.59	33.67	8.61	5.51	31.01	28.27	25.24	21.20	28.41	17.53
1994	30.11	21.60	34.04	37.80	24.12	17.58	27.65	20.41	35.41	23.16	32.83	15.73	5.51	30.38	27.96	25.49	20.69	28.63	17.74
1995	24.83	21.11	19.65	33.43	26.29	10.48	28.86	20.77	38.07	22.64	32.99	15.60	5.51	31.57	28.46	23.96	21.38	27.23	19.29
1996	25.45	22.17	19.96	31.46	21.13	5.22	29.43	22.07	40.43	22.65	34.78	16.12	5.51	32.36	28.18	23.01	23.50	27.31	23.62
1997	25.43	21.57	32.35	31.01	26.75	5.22	31.10	22.63	43.48	23.01	35.50	15.73	5.51	34.53	28.54	25.07	24.53	28.63	24.46
1998	24.20	21.11	31.38	33.24	29.84	16.44	32.27	23.25	47.53	22.35	36.87	18.69	5.51	31.42	30.19	25.57	23.19	29.81	22.97
1999	23.33	24.41	30.28	49.74	28.89	14.22	33.44	23.31	56.30	22.92	38.77	20.21	5.51	33.76	30.44	24.52	22.66	32.93	17.95
2000	24.22	36.55	28.10	37.86	46.30	27.11	49.88	39.23	70.04	23.84	37.77	33.41	17.84	26.26	48.88	24.16	26.45	49.43	26.96
2001	24.25	39.89	28.81	34.73	41.88	28.56	48.79	35.80	56.98	17.97	34.49	31.38	18.45	21.46	44.06	24.07	27.10	50.38	22.51
2002	26.25	41.73	27.47	37.92	38.53	28.99	48.93	34.49	51.14	17.86	36.78	31.77	19.51	20.51	43.08	23.02	25.47	42.34	20.14
2003	26.66	43.96	28.88	34.14	38.57	30.86	47.54	34.89	48.81	18.10	35.47	32.74	29.14	21.53	43.44	30.34	25.73	43.42	20.39
2004	26.98	44.97	29.44	33.87	38.02	32.23	47.57	37.01	51.00	19.21	37.41	34.76	47.92	22.38	43.50	31.75	26.67	44.73	20.62
2005	17.09	45.70	30.79	41.91	37.29	34.06	45.28	38.60	56.92	19.79	37.81	36.56	74.64	21.92	42.96	31.38	26.81	44.68	18.97

（续表）

年份	阿根廷	澳大利亚	巴西	韩国	德国	俄罗斯	法国	加拿大	美国	墨西哥	南非	日本	沙特阿拉伯	土耳其	意大利	印度	印度尼西亚	英国	中国
2006	17.13	51.25	33.93	41.28	39.45	42.26	49.42	40.38	60.27	20.34	41.94	40.06	78.22	21.70	43.60	33.35	27.14	49.82	22.90
2007	18.76	58.87	37.29	46.02	43.42	50.98	52.55	44.84	71.89	21.02	45.91	42.90	46.53	23.28	49.42	36.57	29.71	53.74	43.35
2008	20.50	49.21	36.16	37.62	45.90	49.99	48.49	42.36	75.93	30.69	44.37	38.87	38.78	33.95	43.29	34.89	31.21	49.97	28.72
2009	20.40	50.46	36.81	48.30	38.88	42.42	45.04	41.38	65.36	28.99	46.88	34.24	29.94	39.80	36.70	37.09	29.17	36.70	40.01
2010	20.94	53.75	40.82	41.55	37.35	42.37	45.76	40.99	65.80	30.22	47.84	33.12	36.98	38.59	35.60	34.23	29.20	36.96	36.18
2011	22.98	53.37	40.75	42.80	35.60	44.02	43.89	40.32	68.78	31.02	45.71	32.26	40.62	35.84	34.89	28.47	30.29	36.16	28.64
2012	23.86	47.77	39.71	41.03	34.35	43.75	43.01	38.39	58.37	30.60	46.31	29.46	45.45	35.20	35.51	28.99	29.67	36.38	24.27
2013	25.17	61.94	40.38	44.25	43.35	46.42	48.77	51.30	73.13	40.35	54.34	45.44	43.65	37.92	39.02	36.53	34.10	45.86	32.22
2014	35.46	60.34	39.91	42.57	43.06	45.74	49.07	51.23	76.77	40.79	55.13	42.34	48.13	38.18	39.35	36.89	33.83	45.34	37.62
2015	34.56	59.64	39.70	49.26	44.91	46.76	48.50	49.79	77.88	41.63	56.88	47.18	42.72	38.90	39.73	38.44	34.79	44.66	75.40
2016	36.53	61.25	41.18	46.44	43.56	46.00	48.18	50.70	77.58	40.72	66.29	44.67	37.07	39.08	39.91	38.63	36.68	44.44	46.10
2017	34.50	63.35	42.21	49.23	45.03	50.70	47.75	51.45	74.26	40.89	64.46	45.90	36.98	43.52	39.58	42.76	37.02	44.34	42.04
2018	34.31	62.51	43.24	52.12	44.57	52.59	47.06	51.82	67.75	40.94	58.36	46.68	39.02	49.03	39.20	43.79	36.93	44.23	34.86
2019	34.00	63.42	38.25	48.65	43.95	51.50	46.62	52.00	60.35	39.47	59.78	43.09	40.42	50.40	39.17	44.28	37.19	43.81	41.17

表 6-4 主要国家基本经济制度二级指标：基本经济制度发展状况（2001—2019）

年份	阿根廷	澳大利亚	巴西	韩国	德国	俄罗斯	法国	加拿大	美国	墨西哥	南非	日本	沙特阿拉伯	土耳其	意大利	印度	印度尼西亚	英国	中国
2001	5.49	45.70	7.64	55.15	29.62	22.95	20.29	32.09	65.12	22.11	50.92	69.51	7.14	0.00	15.90	32.76	0.00	31.75	29.00
2002	4.04	47.69	7.81	57.61	29.36	21.79	20.05	31.16	62.18	21.15	43.16	67.61	7.63	0.00	16.35	32.15	0.00	32.93	30.96
2003	2.84	51.83	7.30	57.56	28.97	23.19	19.91	29.95	66.26	21.29	45.22	67.45	7.44	0.00	17.22	31.85	0.00	34.19	33.12
2004	2.55	53.61	7.74	55.95	28.05	24.17	20.19	30.53	69.27	21.79	48.67	65.84	8.53	0.00	17.85	35.51	0.00	36.21	31.26
2005	2.81	55.41	8.39	56.81	27.79	22.29	21.12	32.16	71.09	22.10	52.57	66.22	9.33	0.00	18.67	38.37	0.00	37.78	29.47
2006	3.14	57.49	9.34	60.24	26.90	24.48	22.20	35.45	73.65	23.77	59.14	66.03	8.89	0.00	19.97	39.62	0.00	40.53	28.77
2007	3.45	58.82	10.72	61.81	25.60	28.25	23.40	32.64	74.63	24.76	61.33	63.83	9.77	0.00	21.56	42.38	0.00	44.74	27.88
2008	3.25	59.76	12.06	65.78	25.56	33.20	24.38	32.78	67.15	24.83	58.88	63.25	9.93	8.87	22.05	41.62	0.00	50.50	26.88
2009	3.27	59.05	12.52	63.29	26.03	35.94	25.05	34.21	63.84	23.79	58.56	62.73	12.02	9.84	23.08	40.60	7.29	50.75	32.78

（续表）

年份	阿根廷	澳大利亚	巴西	韩国	德国	俄罗斯	法国	加拿大	美国	墨西哥	南非	日本	沙特阿拉伯	土耳其	意大利	印度	印度尼西亚	英国	中国
2010	3.34	58.27	13.90	61.82	23.32	33.16	25.27	33.88	63.57	23.76	57.45	60.05	10.32	11.77	24.52	41.11	7.18	48.85	33.36
2011	3.69	56.78	15.31	62.68	22.37	10.99	25.52	33.32	62.04	25.37	54.84	60.70	8.99	13.02	24.79	43.26	7.93	44.97	32.44
2012	4.01	58.17	16.48	61.76	22.09	11.57	25.44	34.10	63.17	27.01	56.61	61.34	9.58	13.76	24.71	42.80	8.81	42.40	33.97
2013	4.14	59.98	16.93	60.67	21.63	12.66	25.30	34.18	66.06	26.22	58.43	62.75	10.60	16.00	23.94	40.49	9.50	39.39	35.40
2014	3.64	59.98	17.40	61.82	20.90	14.45	24.79	33.99	66.98	26.32	58.78	63.48	11.67	16.81	23.35	39.12	9.60	35.72	36.96
2015	3.80	61.34	17.61	62.03	20.56	14.74	25.06	34.22	66.27	29.24	57.41	62.94	14.74	17.61	23.02	37.13	10.31	34.48	40.21
2016	3.60	61.87	16.38	63.41	20.42	13.99	25.66	34.47	67.84	30.33	55.73	43.17	15.31	18.41	22.38	36.39	10.38	34.81	41.17
2017	4.21	59.44	15.68	65.84	20.59	13.72	26.71	34.43	70.69	30.31	56.07	44.45	14.22	18.67	21.29	36.37	10.21	35.30	40.82
2018	3.91	59.48	16.13	65.83	20.73	13.40	27.51	34.55	68.57	30.07	53.33	44.64	16.58	17.93	20.28	37.35	10.23	35.44	41.59
2019	4.12	57.37	16.80	67.38	21.21	13.80	28.37	34.73	72.52	29.73	53.51	46.04	17.29	17.38	19.61	36.41	9.95	35.23	43.39

第七章
上海基本经济制度发展指数

一、上海所有制指标体系研究

（一）引言及文献综述

中国特色社会主义基本经济制度是中国特色社会主义制度体系的重要组成部分，是我国经济高质量发展的保障。习近平总书记在十九大报告中指出“我国经济已经由高速增长阶段转向高质量发展阶段”，我国经济也逐渐从粗放型增长转向集约型增长。经济制度所有制是中国特色社会主义基本经济制度的重要组成部分，目前关于基本经济制度所有制指标体系构建的文章并不多见。王淑贤（2000）从所有制形式、产权形式、市场壁垒、经营领域、经济发展五个维度构建了我国社会主义市场经济体制下的所有制指标体系，文中主要从理论层面进行了讨论，并没有利用实际数据进行分析。乔惠波（2013）研究了基本经济制度和中国特色社会主义制度体系之间的逻辑关系，强调了基本经济制度在中国特色社会主义体系中的重要地位，基本经济制度体系的完善对于中国特色社会主义体系的成熟起着重要作用。刘伟（2015）

从我国发展混合所有制经济的视角展开研究，主要围绕公有制企业深化所有制改革的新的方式，面临怎样的困难，应该遵循怎样的原则进行了深入研究。葛扬（2016）围绕马克思所有制理论中国化的发展与创新展开研究，探究了马克思主义政治经济学的理论要点，文中指出初级阶段基本经济制度是马克思所有制理论中国化的重大发展，是中国特色社会主义的创新成果。马立政、彭双艳和李正图（2017）利用中国改革开放以来的相关数据，基于发展状况、环境和功能三个方面构建了我国基本经济制度指数，探究了我国基本经济制度的发展规律，结果表明，文中所构建的指标体系与我国基本经济制度发展规律是一致的。马立政和李正图（2020）采用熵权法从实证上检验了中国经济高质量发展路径演进，研究发现，2000—2012年间中国经济发展呈现高速发展状态，2012—2018年间则逐步呈现高质量发展态势。

本节主要以中国特色社会主义基本经济制度之所有制制度为研究对象，从所有制包含的主要内容出发，构建了中国特色社会主义基本经济制度之所有制度综合评价指标体系。为了验证本节指标体系的实用性与科学性，本节以上海的数据为例测算了上海基本经济制度之所有制指数，从量化层面反映了上海基本经济制度所有制的实际情况和动态变化。

（二）构建上海基本经济制度之所有制综合评价指标体系

我国正处于社会主义初级阶段，实行公有制为主体，多种所有制经济共同发展的基本经济制度。在计划经济体制下，我国所有制结构基本是纯公有制结构，经济明显缺乏活力。改革开放之后，政府出台了一系列鼓励非公有制经济发展的政策措施，非公有制经济在国民经济中发挥着越来越重要的作用，经济活力逐渐释放出来。因此，在构建中国特色社会主义基本经济制度所有制指数时，本节将充分考虑到所有制形式的种类。在新时代下，从我国所有制形式来看，除了全民所有制经济和集体所有制经济之外，各种私有制经济和混合所有制经济也蓬勃发展起来。因此，我国基本经济制度所有制在指标构建时，应当充分考虑到所有制形式的多样性。

综上所述，本节构建上海基本经济制度所有制综合评价指标，将其定为一级指标，并通过公有制经济、私有制经济和混合所有制经济三个二级指标，以及公有制经济固定资产投资金额和增加额、私有制经济固定资产投资金额和增加额、混合所有制经济固定投资金额和增加额等六个三级指标，共同构成上海基本经济制度之所有制综合评价指标体系。

表 7-1 基本经济制度所有制指标体系

一级指标	二级指标	三 级 指 标	变量名	指标属性
基本经济制度所有制指数	公有制经济	公有制经济固定投资金额	*public_invest*	正向
		公有制经济固定资产增加额	*public_new*	正向
	私有制经济	私有制经济固定投资金额	*private_invest*	正向
		私有制经济固定资产增加额	*private_new*	正向
	混合所有制经济	混合所有制经济固定投资金额	*mixed_invest*	正向
		混合所有制经济固定资产增加额	*mixed_new*	正向

注：单位（亿元）。

（三）数据描述与权重估计

1. 数据描述

上海基本经济制度所有制由三个二级指标和六个三级指标构成。本节的数据来源于《中国固定资产投资统计年鉴》，数据从2002—2017年，2013年的数据有所缺失。为了保持本节构建指数在时间上的相对连续性，本节采用2012年和2014年的数据平滑得到2013年的数据，并且进一步由2012—2017年的固定资产增长率数据推算得出2018年的数据，最后得到17年间的年度数据。图7-1、图7-2分别给出了2002—2018年间各三级指标的变化趋势图。可以看出，在2002—2018年间，从总体上看，公有制、私有制、混合所有制经济的固定资产金额和新增额均处于上升的趋势，显示了我国经济稳中向好的发展态势。

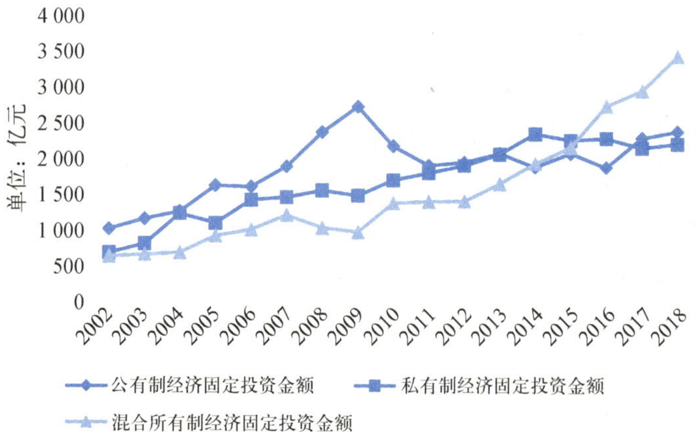

图7-1　2002—2018年公有制、私有制、混合所有制经济固定资产投资金额

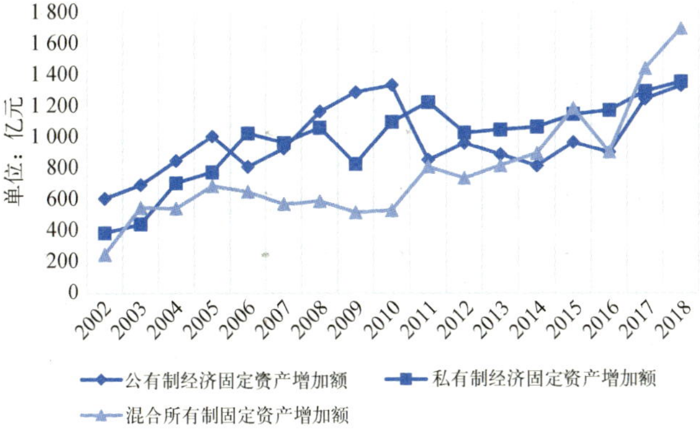

图7-2 2002—2018年公有制、私有制、混合所有制经济固定资产投资增加额

表7-2给出了各三级指标描述性统计。从均值上看，混合所有制经济固定资产投资金额最大，为1 852.7亿元，显示了我国公有制经济的主体地位。其次是私有制经济固定资产投资，为1 628亿元，最后是混合所有制经济固定资产投资金额，为1 492.6亿元。从标准差来看，混合所有制经济固定资产投资金额的标准差最大，说明其在不同年份之间有较大波动。

表7-2 描述性统计

变量名	均值	标准差	中位数	最小值	最大值
public_invest	1 852.7	454.7	1 859.7	976.7	2 682.4
public_new	971.9	219.5	920.1	601.8	1 326.0
private_invest	1 628.0	517.5	1 649.6	644.3	2 299.6
private_new	971.6	271.0	1 041.7	382.7	1 348.5
mixed_invest	1 492.6	838.6	1 328.8	592.7	3 383.9
mixed_new	781.1	361.1	680.6	246.4	1 687.5

注：单位（亿元）。

表7-3给出了六个三级指标的相关系数矩阵，可以看出，混合所有制经济固定投资金额与混合所有制经济固定资产增加额相关性较高，相关系数为0.921。其次是私有制经济固定投资金额和私有制经济固定资产增加额，相关系数为0.883。排序第三的是混合所有制经济固定投资金额和混合所有制经济固定投资增加额，相关系数为0.849。其他几个三级指标之间的相关性均较小，相关系数小于0.800。

表7-3 测度指标相关系数矩阵

	public_invest	public_new	private_invest	private_new	mixed_invest	mixed_new
public_invest	1.000	0.849	0.635	0.716	0.505	0.470
public_new	0.849	1.000	0.400	0.578	0.456	0.453
private_invest	0.635	0.400	1.000	0.883	0.829	0.741
private_new	0.716	0.578	0.883	1.000	0.783	0.747
mixed_invest	0.505	0.456	0.829	0.783	1.000	0.921
mixed_new	0.470	0.453	0.741	0.747	0.921	1.000

2. 指标权重

本文在进行权重估计前，首先对各个指标数据进行标准化处理，在此基础上，采用主成分分析法估计六个三级指标的权重（见表7-4）。可以看出，私有制经济固定资产增加额的权重最大，为0.182。其次是混合所有制经济固定投资金额（0.175）、私有制经济固定资产增加额（0.175）、混合所有制经济固定投资新增额（0.168）。最后是公有制经济固定投资金额（0.157）、公有制经济固定资产增加额（0.139）。三级指标权重之和为1。

表7-4 指标权重估计值

指标	public_invest	public_new	public_new	rivate_new	mixed_invest	mixed_new
权重	0.157	0.139	0.175	0.182	0.175	0.168

（四）上海基本经济制度之所有制综合指数的测算结果及分析

1. 总指数的测算结果及分析

经过上述六个三级指标权重的测算以及指标合成，我们得到上海基本经济制度所有制指数2002—2018年变化趋势（如图7-3），同时也得到公有制经济、私有制经济和混合所有制经济三个二级指标的分指数变化趋势。由图7-3可以看出，从总体来看，上海基本经济制度所有制指数呈现上升态势，体现上海总体经济稳中上升的发展趋势。从上海基本分阶段来看，2002—2008年期间，上海经济发展速度较快，属于快速增长阶段；受2008年金融危机的影响，2010—2012年间，上海经济出现短暂下行，进入调整阶段；2013年之后，随着上海自贸区的设立、扩区，以及相

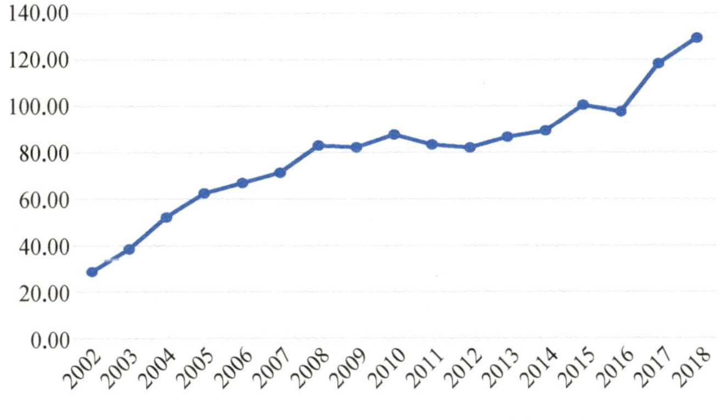

图7-3 上海基本经济制度之所有制综合指数

关市场准入准则的实施，上海营商环境进一步优化，吸引了众多国内外的优质企业，改革效应充分释放，上海经济逐步进入发展的快车道。

2. 分指数的测算结果及分析

前文主要从总体上分析了上海基本经济制度所有制总指数，接下来进一步从公有制经济、私有制经济、混合所有制经济三个二级指标分指数进行分析。

（1）上海经济所有制之公有制经济分指数

图7–4是上海经济所有制综合指数中的公有制经济趋势图。本节使用公有制经济固定投资金额和增加额来衡量上海公有制经济发展的实力。固定资产投资显示了一个地区经济发展的水平，也是提高一个地区总量经济实力的根本途径。固定资产投资的功效在于能够显著提高社会经济的发展实力，随着投资总量的加大，随之而来的经济和社会的综合实力也会不断加强。因此，我们采用上海公有制固定资产投资金额和增加额衡量公有制经济发展的状况。从图7–4中可以看到，上海公有制经济指数相比基本经济制度所有制总指数波动幅度较大。其中，2002—2009年，上海公有制经济大体处于上升阶段，并在2009年到达最高点；2009—2011年出现短暂下行之后，上海公有制经济发展进入一个波动期，经过一段时间的调整之后，从2016年开始，公有制经济开始恢复增长，进入快速发展阶段。在上海经济所有制中，公有制经济固定投资金额和固定资产增加额的权重相较于私有制经济与混合所有制经济都偏低，因此上海公有制经济的波动趋势与上海基本经济制度所有制综合指数的波动趋势存在一些差异。

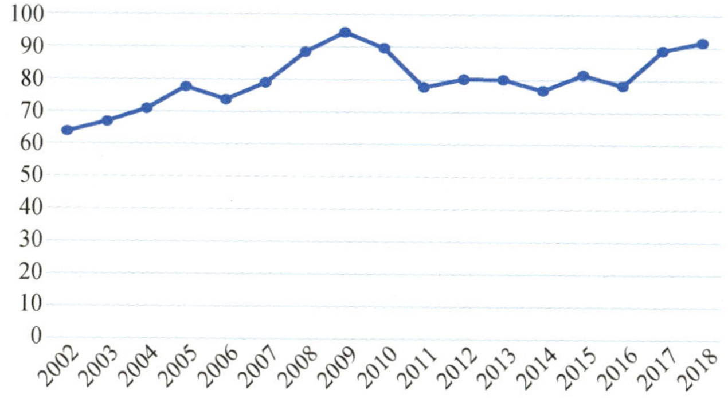

图7-4 上海经济所有制之公有制经济分指数

（2）上海经济所有制之私有制经济分指数

图7-5是上海经济所有制综合指数中的私有制经济分指数趋势图。本节使用私有制经济固定投资金额和增加额来衡量上海公有制经济发展的实力。私有制经济是社会主义市场经济的重要组成部分，从国际市场发展的趋势来看，私有制经济是推动经济产业转型和升级的重要推动力，我国改革开放以来取得的巨大成就与私有制经济的蓬勃发展是紧密相连的。私有制经济的发展会使整体国民经济更加充满活力，因此我国政府一直以来都非常重视私有制经济的发展，制定了一系列鼓励支持私营经济发展的政策措施，习近平总书记2018年11月在民营企业座谈会上的讲话中充分肯定了民营经济的地位和作用，提出支持民营经济发展的六大举措。从图7-5可以看出，私有制经济分指数的整体趋势与经济所有制综合指数的整体趋势一致，但在发展速度上，两者略有差异。分阶段来看，2002—2008年间，私有制经济处于快速发展阶段；受到金融危机的影响2009年私有制经济出现短暂回落，

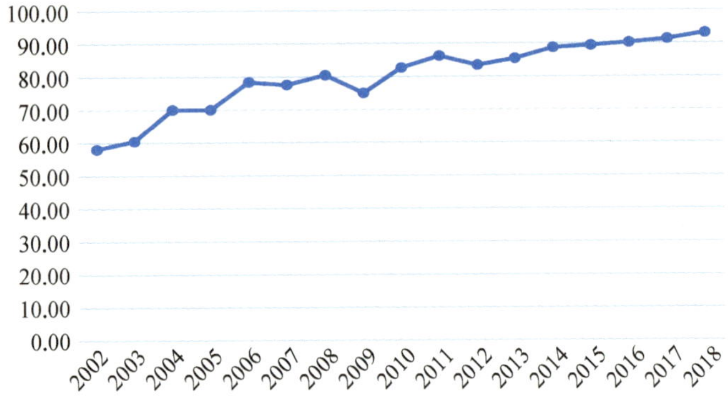

图7-5 上海经济所有制之私有制经济分指数

但从2010开始，私有制经济又恢复增长，在经历过短暂的快速增长之后，逐步处于平稳增长的阶段。

（3）上海经济所有制之混合所有制经济分指数

图7-6是上海经济所有制综合指数中的混合所有制分指数趋势图。本节使用混合所有制经济固定投资金额和增加额来衡量上海混合所有制经济发展的实力。从图7-6中可以看到，混合所有制指数趋势和经济所有制综合指数趋势也较为类似。其中，2002—2007年，上海混合所有制经济处于缓慢上升的阶段；2008—2009年间，受金融危机的影响，混合所有制经济出现短暂下行；2009年之后，混合所有制经济恢复增长态势，并处于稳步上升的发展趋势，2015年，国务院发布《国务院关于国有企业发展混合所有制经济的意见》（国发〔2015〕54号），为响应国家“深化国有企业改革，发展混合所有制经济”的号召，上海积极深化国资国企改革，加快混合所有制改革，因此，混合所有制经济在2015年之后开始进入快速增长阶段。

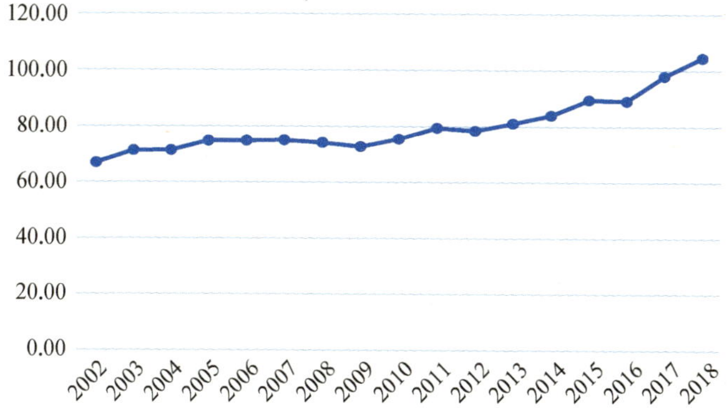

图 7-6 上海经济所有制之混合所有制经济分指数

（五）结论与展望

改革开放以来，我国社会主义基本经济制度不断完善，形成了以公有制为主体、多种所有制经济共同发展的社会主义初级阶段的基本经济制度。基本经济制度的形成是马克思主义理论中国化的重大突破，有效推动了我国经济高速发展，是我国经济发展的重要支柱。公有制、私有制、混合所有制是社会主义经济制度的重要组成部分，本节从公有制、私有制、混合所有制三个方面出发，利用上海2002—2018年的数据，构建上海基本经济制度之所有制综合评价指标体系，其中包含公有制经济固定资产投资金额和增加额、私有制经济固定资产投资金额和增加额、混合所有制经济固定投资金额和增加额六个三级指标。我们采用主成分分析法为各个指标赋权，最后合成上海基本经济制度之所有制综合总指数和二级指标分指数，通过总指数和二级指标指数的变化趋势，系统、客观地反映了上海基本经济制度之所有制的实际情况和动态变化。

经过上述六个三级指标权重的测算以及指标合成，我们得到上海基本经济制度所有制指数2002—2018年变化趋势，总体来看，上海基本经济制度所有制指数属于上升趋势，体现了我国经济由高速发展转向高质量发展的变化趋势。结果表明，上海基本经济制度所有制发展在2002—2018年间主要经过了三个阶段：快速增长阶段、调整阶段、快速发展阶段，当前处于快速发展阶段。进一步，我们还分析了公有制经济、私有制经济、混合所有制经济三个分指数的变动趋势。上海公有制经济指数相比基本经济制度所有制总指数波动幅度较大，与上海基本经济制度所有制综合指数的波动趋势存在一些差异，具体来看，在2002—2009年处于快速增长阶段，2009—2011年处于下行期，2016年开始恢复增长，进入发展的快车道。上海私有制经济分指数的整体趋势与经济所有制综合指数的整体趋势一致，但在发展速度上，两者略有差异。混合所有制指数趋势和经济所有制综合指数趋势也较为类似，2002—2007年，上海混合所有制经济缓慢上升，2008—2009年间受到金融危机的影响出现短暂下行，2009年之后，混合所有制经济恢复增长，稳步上升，2015年，上海深化国资国企改革之后，混合所有制进入快速发展阶段。

参考文献

1. 葛扬.马克思所有制理论中国化的发展与创新［J］.当代经济研究，2016（10）：78-86.
2. 刘伟.发展混合所有制经济是建设社会主义市场经济的根本性制度

创新［J］.经济理论与经济管理，2015（01）：5-14.
3. 马立政，彭双艳，李正图.基本经济制度指标体系研究［J］.上海经济研究，2017（09）：18-33.
4. 马立政，李正图.中国经济高质量发展路径演进研究［J］.学习与探索，2020（06）：100-107.
5. 乔惠波.中国特色社会主义基本经济制度的内涵与定位［J］.中国特色社会主义研究，2013（04）：27-31.
6. 王淑贤，社会主义市场经济体制下所有制结构评价指标研究［J］.山西财经大学学报，2000（02）：8-12.

二、上海经济运行制度指标体系研究

（一）引言与文献综述

当前，研究基本经济制度指标体系的文献较少，中国特色社会主义基本经济制度是中国特色社会主义制度体系中的重要组成部分（乔惠波，2013），中国特色社会主义收入分配制度、所有制度、社会主义市场经济运行制度共同构成中国特色社会主义基本经济制度，而研究中国特色社会主义基本经济制度的社会主义市场经济运行制度指标体系构建的文献更少。

关于中国特色社会主义市场经济理论的研究较多，具有代表性的是程霖和陈旭东（2018）总结中国改革开放40年的经济建设方面所取得的举世瞩目的巨大成就，以及在此基础上所形成的中国特色社会主义市场经济理论，其中包含基本经济制度、市场体系建设、收入分配制度、政府与市场的关系等方面。张宇（2016）关于中国特色社会主义政治经济学讨论其若干问题，包括中国特色社会主义经济的本质、社会主义基本经济制度、基本分配制度、市场经济、对外开放等，在社会主义市场经济体制方面，讨论了政府与市场的关系等。谢华育（2020）从所有制经济、收入分配等方面归纳了中国特色社会主义基本经济制度的科学制度体系特征，并从我国经济发展的历史视角、转型国家体制变迁的全球视域、科学经济制度的内在逻辑关联三个方面分析社会主义基本经济制度的科学性。刘伟（2020）梳理中国改革开放以来中国共产党领导中国实践中国特色社会主义，尤其是十九大以来，中国特色社会主义进入新时代，认为中国特色社会主义基本经济制度在中国特色社会主义治理体系中具有极其重要的基础性地位，是马克思主义中国化的发展进程。顾海良（2020）认为党的十九届四中全会对社会主义基本经济制度的新概括无论在“系统化的经济学说”还是“理性概括”具有重要意义。

经济运行制度是中国特色社会主义基本经济制度的重要组成部分。胡乐明和宁阳（2013）提出社会主义初级阶段的经济运行制度是中国特色社会主义经济建设的巨大成就，转变经济发展方式，实现经济平稳快速发展，需要巩固和完善社会主义初级阶段经济运行制度，其中包括实现市场调节、政府调节和社会调节的有机结合。经济运行制度主要是理顺市场、政府、社会三方面的关系，发挥各自优势，推动经济又好又快发展。谷春祥（2007）较早地对马克思主义经济理论进行中国化的研究，马克思主义就已经阐述计划和市场只是经济运行的调节方式，改革开放以来，马克思主义经济运行理论在中国实践并得到新的发展。胡乐明

（2014）提出中国特色社会主义经济制度体系的构建是一项总体性事业，要用总体性的思维构建，中国特色社会主义经济建设的巨大成就在于中国特色社会主义经济运行制度的建立与完善，需要政府、市场和社会调节的有机统一和结合。张卓元（2018）提出了中国经济改革的两条主线：一是所有制结构的调整与改革，推动社会主义基本经济制度的建立和完善；二是经济运行以市场为主导，更好发挥政府的作用，让市场在资源配置中起到决定性的作用。马立政（2017）以基本经济制度发展状况、基本经济制度环境和基本经济制度功能三个方面作为一级指标，构建中国基本经济制度指标体系，其中还构造7个二级指标和26个三级指标，通过主成分分析赋权构造中国基本经济制度总指数以及中国基本经济制度发展状况指数、中国基本经济制度环境指数和中国基本经济制度效益指数，从而整体、全面地对中国基本经济制度进行学理分析与趋势研究。

综上所述，本节以中国特色社会主义基本经济制度之经济运行制度为研究对象，从市场、政府、社会的角度出发，以上海为分析案例，研究中国特色社会主义基本经济制度之经济运行制度综合评价指标体系，构建上海基本经济制度之运行制度指数，从而系统地、全面地、科学地研究中国特色社会主义经济运行制度。

（二）构建上海基本经济制度之经济运行制度综合评价指标体系

政府、市场、社会三者有机结合是中国特色社会主义经济运行制度的主要内容。在新时代，加快完善社会主义市场经济体制是要实现产权有效激励、要素自由流动、价格反应灵活、竞争公平有序、企业优胜劣汰。十九届五中全会强调“十四五”发展的重大任务中贯穿着五大新发展理念，即创新、协调、绿色、开放、共享。其中“坚持创新驱动发展”被放在了第一位，将创新摆在各项规划任务的首位，坚持创新在我国现代化建设全局中的核心地位，把科技自立自强作为国家发展的战略支撑。因此，在构建中国特色社会主义经济运行制度中，本节将创新作为其中一个二级指标。

以上海为例，本节将上海基本经济制度之经济运行制度综合评价指标作为一级指标，其由三个二级指标和八个三级指标构成。二级指标分别是市场配置机制、政府作用机制和科技创新制度。在三个二级指标的基础上，本节在每个二级指标下设若干个三级指标。坚持和完善社会主义基本经济制度，需要充分发挥市场在资源配置中的决定性作用，更好发挥政府作用，推动有效市场和有为政府更好结合。因此，为体现市场配置机制的决定性作用，本节在此二级指标中设五个三级指标，包含市场化程度、商业自由、投资自由、金融自由和贸易自由；而为更好发挥政府作用机制，在评价指标体系的政府作用机制中，主要包含政府的财政能力；完善国家创新体系，加快建设科技强国，强化国家战略科技力量，所以科技创新制度从两个方面反映，即科技投入与科技产出。

在市场配置方面，本节采用“上海市场化进程总得分”反映上海市场化程度，用“上海政府与市场关系得分”反映上海商业自由程度，用“上海房地产开发投资完成额”反映上海投资自由程度，用“上海证券交易所和深圳证券交易所中上海的总交易金额”反映上海金融自由程度，用“上海货物贸易进出口总额（按境内目的地和货源地分）”反映上海贸易自由程度。

其中，“市场化进程总得分”和“政府与市场关系得分”由《中国市场化指数》发布，其中“市场化进程总得分”是基于企业调查等客观数据指标，用以衡量各省、自治区、直辖市市场化改革的深度和广度，从“政府与市场的关系”“非国有经济的发展”“产品市场的发育程度”“要素市场的发育程度”和“市场中介组织发育和法治环境”五个维度反映市场化进程的各个方面，已经通过合成指数的方式形成中国市场化指数。本节通过“上海市场化进程总得分”反映上海基本经济制度运行中的市场化程度，通过“上海政府与市场关系得分”来反映上海基本经济制度运行中的商业自由程度，是较为合理的。

上海2017年房地产开发投资总额为3 856.53亿元，占当年全社会固定资产完成投资总额的53.22%，近十年来，上海房地产开发投资总额均占全社会固定资产完成投资总额的30%以上，从2013年起，该比例更是高达50%以上，可以看到，上海房地产开发投资成为全社会固定资产投资的重要组成部分，并且占比趋势上升。故而，本节将“上海房地产开发投资完成额”作为衡量上海基本经济制度运行中的投资自由程度。

近年来，上海金融市场交易规模成倍增长。上海围绕“以金融市场体系建设为核心，以金融改革创新和营造金融环境为重点”，加快建设国际金融中心。截至2019年6月，上海拥有持牌金融机构1 605家，其中外资金融机构占比超过30%，已经成为国内最重要的中外金融机构集聚地。2018年，上海金融市场成交总额为1 645.8万亿元，同比增长15.2%，上海全年金融业增加值占上海GDP总额的比例已达到17.69%，其中占上海第三产业GDP总额的比例高达25.31%。上海已经集聚股票、期货、货币、票据等各类全国性金融要素市场和基础设施，2019年全年，上海成交总额达到1 934.3万亿元，直接融资金额高达12.7万亿元，成为全球金融要素市场和基础设施最为齐备的城市之一。2020年，上海国际金融中心基本建成，迈入“承上启下”的关键之年，为反映上海金融的自由程度，本节通过“上海证券交易所和深圳证券交易所统计的期末上海地区证券营业部的交易总金额”作为衡量上海金融自由程度的指标，其中证券品类包含股票、基金、债券等。

上海到2020年基本建成国际贸易中心，近年来，上海以贸易投资制度创新为引领，持续推进贸易自由化、投资便利化，充分发挥自由贸易试验新片区、虹桥商务区，以进博会为平台和窗口，推进建设国际贸易中心。2019年上海口岸货物进出口总额为84 267.90亿元，持续位居世界城市首位。上海洋山深水港2019年全年集装箱吞吐量为1 980.8万标箱，同比增长7.59%，在上海港占比高达45.7%，又创新高。因此，本节以“上海按境内目的地和货源地分货物进出口总额”衡量上海贸易自由的程度。

在政府作用机制方面，政府作为经济运行中的主体，需要发挥政府的作用，财政收入是区域经济硬实力的体现。公共财政能力不仅是政府行政能力的主要内容，更是发挥其行政能力的经济基础，上海适应市场经济的发展要求，不断提高公共财政能力。预算收入除以预算支出得到的“财政自给率”可以反映省市财政实力的综合性指标，2018年上海财政自给率为85.11%，为全国第一。从公共预算收入来看，上海以7 108亿元位列第三位。从公共预算支出来看，上海以8 352亿元位列第七位。因此，本节以上海“财政自给率”来综合反映上海的财政能力。

在科技创新制度方面，本节从创新投入和创新产出两个方面出发。创新投入方面，2019年，上海全年研究与试验发展（R&D）经费支出约1 500亿元。R&D经费支出是全社会实际用于基础研究、应用研究和试验发展的经费支出，实际包括用于研究与试验发展活动的人员劳务费、原材料费、固定资产购置费等相关费用支出，其占GDP的比重可以反映全社会的科技投入强度。本节以“上海R&D经费支出占GDP的比重”反映上海科技投入的强度。创新产出方面，2019年，上海全年专利申请量总计17.36万件，比上年增长15.5%。其中，发明专利7.14万件，同比增长13.8%；实用新型专利达到8.06万件，同比增长15.9%；外观设计专利是2.16万件，同比增长20.5%。发明专利相较于实用新型专利和外观设计专利，具有更高的创新性和新颖性，因此，我们以“上海发明专利申请受理数”作为衡量上海科技产出的指标。

综上所述，本节构建上海基本经济制度运行制度综合评价指标，将其定为一级指标，原因是经济运行制度是中国特色社会主义基本经济制度的重要组成部分。通过市场配置机制、政府作用机制和科技创新制度三个二级指标，以及市场化程度等八个三级指标，共同构成上海基本经济制度之运行制度综合评价指标体系。

表 7-5 上海基本经济制度之经济运行制度综合评价指标体系

一级指标	二级指标	三级指标	数据指标名称	单位	变量名称
上海基本经济制度运行制度综合评价指标体系	市场配置机制	市场化程度	上海市场化进程总得分	—	$Market_t$
		商业自由	上海政府与市场关系得分	—	$Govern_t$
		投资自由	上海房地产开发投资完成额	亿元	$Estate_t$
		金融自由	上证所和深交所的上海总交易金额	万元	$Trade_t$
		贸易自由	上海货物贸易进出口总额（按境内目的地和货源地分）	万美元	$ImExport_t$
	政府作用机制	财政能力	上海财政自给率	%	$Public_t$
	科技创新制度	科技投入	上海R&D经费支出占GDP的比重	%	$R\&D_t$
		科技产出	上海发明专利申请受理数	件	$Patent_t$

数据来源：本节作者整理。

（三）数据描述与权重估计

1. 数据描述与指标处理

基于上述分析，上海基本经济制度之运行制度由三个二级指标和八个三级指标构成。“上海市场化进程总得分”和“上海政府与市场关系得分”来自《中国市场化指数》；“上海房地产开发投资完成额”来源于上海市统计局；“上证所和深交所的上海总交易金额”来源于上海证券交易所和深圳证券交易所的统计数据；“上海货物贸易进出口总额（按境内目的地和货源地分）”来源于海关总署的数据；“上海财政自给率”来源于上海市财政局；“上海R&D经费支出占GDP的比重”和“上海发明专利申请受理数”均来自上海市统计局。其中，“上海房地产开发投资完成额”是月度累计值，本节将其转化成年度数据；而“上证所和深交所的上海总交易金额”是由上海证券交易所统计的交易金额和深圳证券交易所统计的交易金额加总获得，并将月度当月值转成为年度数据。最后，共整理获得19年的年度数据，八个三级指标均从2000年至2018年。数据的描述性统计分析见表7-6所示。

表7-6 指标数据的描述性统计分析表

变量表示	单位	观测数	平均值	标准差	最小值	最大值
$Market_t$	—	19	9.23	1.31	5.75	11.71
$Govern_t$	—	19	8.61	0.84	7.31	10.27
$Estate_t$	亿元	19	2 016.30	1 169.02	566.20	4 033.20
$Trade_t$	百亿元	19	5 156.00	6 626.98	277.90	18 260
$ImExport_t$	亿美元	19	2 946.99	1 510.48	547.03	4 858.63
$Public_t$	%	19	87.59	4.11	80.23	95.49
$R\&D_t$	%	19	2.83	0.82	1.61	4.16
$Patent_t$	件	19	26 032.00	19 415.96	3 268.00	62 755.00

数据来源：本节作者整理计算。

八个测度指标的相关矩阵见表7-7，可以看到政府与市场关系得分与除市场化进程总得分指标外的其他指标均具有负相关关系，可能存在“负权”的问题；此外，发明专利申请受理数与上海房地产开发投资完成额、上证所和深交所的上海总交易金额、上海货物贸易进出口总额和上海R&D经费支出占GDP的比重等四个指标存在高度的相关性；上海货物贸易进出口总额与科技投入、科技产出两个指标也具有高度的相关性。

表 7-7 测度指标相关系数矩阵

	$Market_t$	$Govern_t$	$Estate_t$	$Trade_t$	$ImExport_t$	$Public_t$	$R\&D_t$	$Patent_t$
$Market_t$	1.000 0	0.765 7	0.405 6	0.352 9	0.393 2	0.188 7	0.419 3	0.340 3
$Govern_t$	0.765 7	1.000 0	−0.168 2	−0.180 8	−0.102 0	−0.049 9	−0.146 0	−0.238 2
$Estate_t$	0.405 6	−0.168 2	1.000 0	0.922 2	0.893 5	0.393 0	0.973 6	0.985 9
$Trade_t$	0.352 9	−0.180 8	0.922 2	1.000 0	0.685 9	0.314 6	0.834 1	0.902 6
$ImExport_t$	0.393 2	−0.102 0	0.893 5	0.685 9	1.000 0	0.524 0	0.959 1	0.912 1
$Public_t$	0.188 7	−0.049 9	0.393 0	0.314 6	0.524 0	1.000 0	0.445 3	0.412 2
$R\&D_t$	0.419 3	−0.146 0	0.973 6	0.834 1	0.959 1	0.445 3	1.000 0	0.977 4
$Patent_t$	0.340 3	−0.238 2	0.985 9	0.902 6	0.912 1	0.412 2	0.977 4	1.000 0

数据来源：本节作者整理计算。

由于各个指标的量纲都不一样，不能直接合成综合指数，在进行权重估计前，本节首先对各个指标数据采用如下公式进行标准化处理：

$$X_{it} = \frac{X_{it} - \mu_i}{sd(X_{it})},$$

从而将客观测度指标的量纲进行统一。

2. 权重设置

在数据描述与量纲处理的基础上，本节采用因子模型与主成分分析法（谢婼青，2019）估计八个三级指标的权重（见表7-8），通过主成分分析得到权重估计值中上海政府与市场关系得分的权重是负值，这与相关系数矩阵中得到的相关系数为负数是一致的。投资自由、科技投入和科技产出的权重最大，其次是贸易自由、金融自由和财政能力，最后是市场化程度和商业自由。

虽然有“负权”的现象出现，但是商业自由的“上海政府与市场关系得分”对上海基本经济制度之经济运行制度具有一定的影响，在构建上海基本经济制度之运行制度综合评价指标体系过程中是不可或缺的。在学术领域，有少量的文献对“负权”问题有较为深入的研究。本节采用姜国麟等（1996）的最大方差权数计算方法，将主成分方法得到的权重估计值进行调整，最后得到调整后的权重估计值（见表7-8）。可以得到，科技产出的权重最大，为0.174 7，其次是科技投入（0.165 1）、投资自由（0.164 9）、贸易自由（0.154 2）和金融自由（0.147 9），最后是财政能力（0.091 7）、市场化程度（0.080 5）和商业自由（0.021 0）。最终获得的权重估计值总和为单位1。从权重分配的角度来看，政府作用机制（0.091 7）相较于市场配置机制（0.568 5）和科技创新制度（0.339 8）的权重较小，可以看到，上海从2000 2018年不断坚持和完善社会主义基本经济制度，充分发挥了市场在资源配置中的决定性作用，推动有效市场和有为政府更好结合，同时，上海坚持创新在现代化建设全局中的核心地位，以科技创新为支撑不断实现经济高质量发展。

表7-8 权重估计值及调整值

权重	市场化程度($Market_t$)	商业自由($Govern_t$)	投资自由($Estate_t$)	金融自由($Trade_t$)	贸易自由($ImExport_t$)	财政能力($Public_t$)	科技投入($R\&D_t$)	科技产出($Patent_t$)
PCA估计值	0.201 4	−0.052 5	0.437 8	0.395 2	0.416 0	0.229 5	0.438 3	0.437 1
调整值	0.080 5	0.021 0	0.164 9	0.147 9	0.154 2	0.091 7	0.165 1	0.174 7
二级指标权重			0.568 5			0.091 7	0.339 8	

数据来源：本节作者整理计算。

（四）上海基本经济制度之经济运行制度综合指数的测算结果及分析

1. 总指数的测算结果及分析

经过上述八个三级指标权重的测算以及二级指标权重的合成，最终得到上海基本经济制度之经济运行制度综合评价总指数从2000—2018年的变化趋势，同时也得到市场配置机制、政府作用机制和科技创新制度等三个二级指标的分指数综合趋势。从图7-7中我们看到上海基本经济制度之经济运行制度整体呈现快速上涨的变化趋势，体现上海总体经济运行基本上呈现持续上升的态势。本节将2000—2018年共19年的发展趋势分为四个阶段：缓慢发展阶段、高速发展阶段、短暂下滑阶段、平稳增长阶段。其中，2000—2002年的变化趋势还相对较为缓慢；高速发展阶段是2003—2007年，自从中国于2001年12月11日加入WTO，上海作为中国改革开放的排头兵和创新发展的先行者，经济运行处于高速发展期；缓慢下滑阶段是2008—2009年，受全球金融危机的影响，上海的金融市场、进出口贸易、商业等经济运行的各个方面都有或多或少的影响，从而带来短暂的下滑；2010—2018年是平稳增长阶段，从2010年上海举办第41届世界博览会开始，上海进入经济运行的新阶段，上海市域快速路网基本建成，其中包括龙耀路隧道、长江西路越江隧道、闵浦二桥、外滩地区综合交通改造工程、黄浦江两岸45公里岸线公共空间、四座跨江大桥景观灯光提升改造、浦东国际机场第四跑道、迪士尼乐园等，经济保持平稳较快发展，人民生活持续改善。

在这19年间，上海经济运行整体快速持续发展。全市常住人口从2000年的1 608.60万人上涨到2018年的2 423.78万人，上涨50.68%。全市生产总值2018年为32 679.87亿元，是2000年4 812.15亿元的6.8倍，规模高速增长。从财政规模上来看，2000年上海全市全年一般公共预算收入为497.96亿元，公共预算支出是622.84亿元。到2018年，上海全市全年的一般公共预算收入增加到7 108.15亿元，是2000年水平的14.27倍；一般公共预算支出增加到8 351.54亿元，是2000年水平的13.41倍，可见预算收入增长更快。从科技创新方面来看，2000年上海研发经费支出相当于上海市生产总值的比例为1.59%，2018年增加到4.16%；2000年专利申请量为11 337件，2018年已经增加到150 233件，是2000年水平的13.25倍，其中2018年发明专利是62 755件，是2000年4 713件的13.32倍。19年来，上海尤其在市场配置机制和科技创新制度两方面的发展速度较快，进一步的研究从分指数的测算研究展开。

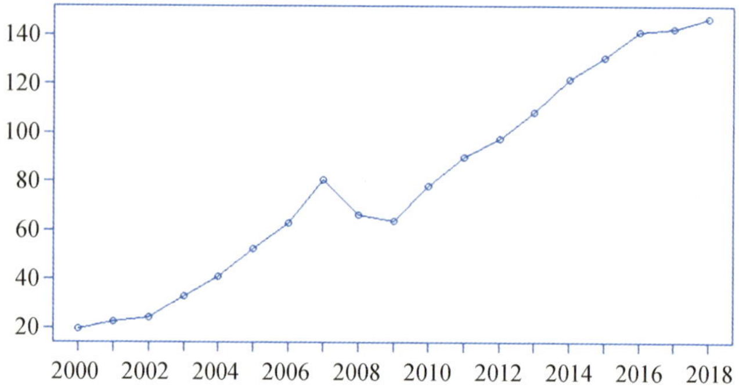

图 7–7 上海基本经济制度之经济运行制度综合指数

数据来源：本节作者整理计算。

2. 分指数的测算结果及分析

一级指标综合指数的变化情况要结合其二级指标分指数的变化趋势来进行分析。本节在测算上海基本经济制度之经济运行制度综合指数的基础上进一步从市场配置机制、政府作用机制、科技创新制度等三个二级指标出发进行研究。

图 7–8 是上海经济运行制度综合指数中的市场配置机制分指数趋势图。可以看到，市场配置机制分指数的整体趋势与经济运行制度综合指数的整体趋势一致，但是在具体年份上还存在着巨大的差异。市场配置机制主要可以分为三大阶段：快速发展阶段（2000—2007）、短暂下行阶段（2008—2009）、平稳增长阶段（2010—2018）。其中，不同于上海经济运行制度，市场经济体制在 2000—2001 年的趋势已经初步形成快速发展的态势，主要由于 20 世纪 90 年代浦东开发开放，数以万计的跨国公司、中外金融机构纷纷落户上海，带动了上海经济的快速飞跃。而 2010—2011 年，由于应对金融危机，2008 年底出台了四万亿刺激计划，

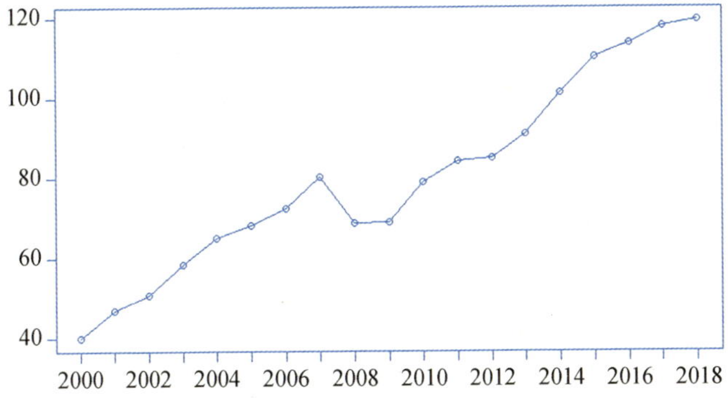

图7-8 上海经济运行制度之市场配置机制分指数

数据来源：本节作者整理计算。

2009年大规模投放，因此，2010—2011年两年的经济有明显的增长，但是在2012年由于刺激计划之后的流动性收紧，市场配置机制增长速度明显放缓。在2012年后，随着经济转型升级，上海经济进入平稳增长的阶段。

图7-9是上海经济运行制度综合指数中的政府作用机制分指数趋势图。本节使用“上海财政自给率”来衡量上海的财政实力。财政能力主要体现在两个方面，一是公共预算收入，二是公共预算支出，而“上海财政自给率”是将预算收入除以预算支出，把两方面都综合体现出来了，因此，使用“财政自给率”反映财政实力是可靠的。从图7-9中可以看到，上海财政自给率在均值范围上下波动。其中，2000—2004年，上海财政实力有所下跌；但是在2005—2007年，随着经济运行的高速发展，上海财政实力快速上升；由于金融危机，2008—2009年上海财政实力又经历一个短暂下行的过程；2010年以后，四万亿刺激计划发生作用，到2014年上海财政能力进入平稳增长的阶段；2014

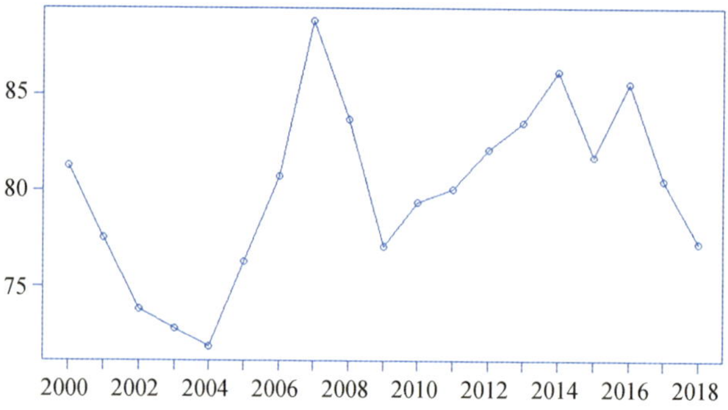

图7-9 上海经济运行制度之政府作用机制分指数

数据来源：本节作者整理计算。

年以来，随着供给侧结构改革的深入推进和经济进入转型阶段，上海财政能力进入一个波动时期。未来，经历经济结构的转型升级和经济高质量发展的持续推进，上海财政能力又将平稳向上发展。在上海经济运行制中，政府作用机制的权重相较于市场配置机制与科技创新制度都偏低，所以，上海财政能力的波动趋势较小地反映在上海基本经济制度之经济运行制综合指数趋势中。

图7-10是上海经济运行制度综合指数中的科技创新制度分指数趋势图。不同于市场配置机制和政府作用机制的趋势，科技创新制度的趋势更加平稳向上。科技创新从两个方面来反映，一是科技投入，二是科技产出。一般来说，科技与经济具有相互作用的双向关系，经济基础提升，能够增加科技研发投入强度，科技能力提升，又反过来作用于经济发展。但是，短期的经济波动一般不会对科技投入造成巨大的影响，可以看到，2008—2009年，由于全球金融危机，经济运行综合指数与市场配置机制综合

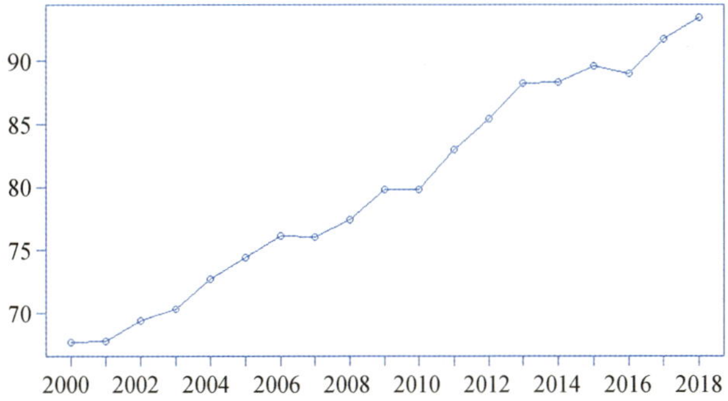

图7-10　上海经济运行制度之科技创新制度分指数

数据来源：本节作者整理计算。

指数都有短暂的下滑，但是科技创新制度中，2008—2009年科技创新制度分指数较为平稳，可以体现我国即使面临金融危机，依然保持科技研发的投入，也能继续保持相同水平的科技产出，只有坚持创新在我国现代化建设全局中的核心地位，把科技自立自强作为国家发展的战略支撑，才能加快实现科技强国，这也从侧面体现了我国社会主义基本经济制度的优越性。

（五）结论与展望

经过对中国特色社会主义基本经济制度和经济运行制度理论的梳理，本节认为政府、市场、社会三者有机结合是中国特色社会主义经济运行制度的主要内容，并从市场配置机制、政府作用机制和科技创新制度三个方面出发，以上海为例，构建上海基本经济制度之经济运行制度综合评价指标体系，其中指标体系包含三个二级指标和市场化程度、商业自由、投资自由、金融自由、贸易自由、财政能力、科技投入和科技产出八个三级指标，运用因子模型和主成分分析法进行权重的估计，同时对“负权”的问题进行调整。

经过上述八个三级指标权重的测算以及二级指标权重的合成，最终得到2000—2018年上海基本经济制度之经济运行制度整体呈现快速上涨的变化趋势，并分为四个阶段：缓慢发展阶段、高速发展阶段、短暂下滑阶段、平稳增长阶段。进一步地，从市场配置机制、政府作用机制、科技创新制度三个二级指标出发合成三个分指数，得到三方面的结论，其一，市场配置机制分指数的整体趋势与经济运行制度综合指数的整体趋势一致，主要可以分为三大阶段：快速发展阶段（2000—2007）、短暂下行阶段（2008—2009）、平稳增长阶段（2010—2018）；其二，通过对上海经济运行制之政府作用机制分指数的分析，可以得到上海财政自给率在均值范围上下波动的特点，主要可以分为短暂下行阶段（2000—2004）、快速上升阶段（2005—2007）、金融危机阶段（2008—2009）、平稳增长阶段（2010—2013）和经济转型阶段（2014—2018）五个阶段，以及在上海经济运行制中，政府作用机制的权重相较于市场配置机制与科技创新制度都偏低的结论；其三，不同于市场配置机制和政府作用机制的趋势，科技创新制度的趋势更加平稳向上，即使在2008—2009年全球金融危机期间，经济运行综合指数与市场配置机制综合指数都有短暂的下滑，但是科技创新制度分指数依然较为平稳，可以体现我国即使面临金融危机，依然保持科技研发的投入，也能继续保持相同水平的科技产出，这从侧面体现了我国社会主义基本经济制度的优越性。

参考文献

1. 程霖，陈旭东.改革开放40年中国特色社会主义市场经济理论的发展与创新［J］.经济学动态，2018（12）：37–47.
2. 谷春祥.马克思主义经济运行理论中国化研究［J］.科学社会主义，2007（01）：124–127.
3. 顾海良.基本经济制度新概括与中国特色社会主义政治经济学新发展［J］.毛泽东邓小平理论研究，2020（01）：1–7.
4. 胡乐明，宁阳.巩固和完善社会主义初级阶段经济运行制度［J］.毛泽东邓小平理论研究，2013（01）：14–19，92.
5. 胡乐明.以总体性思维构建中国特色社会主义经济制度体系［J］.马克思主义研究，2014（01）：20–23.
6. 姜国麟，刘弘，朱平芳.专家咨询约束下的最大方差权数计算法［J］.统计研究，1996（06）：65–67.
7. 刘伟.中国特色社会主义基本经济制度是中国共产党领导中国人民的伟大创造［J］.中国人民大学学报，2020（01）：20–26.
8. 马立政，彭双艳，李正图.基本经济制度指标体系研究［J］.上海经济研究，2017（09）：18–33.
9. 乔惠波.中国特色社会主义基本经济制度的内涵与定位［J］.中国特色社会主义研究，2013（04）：25–29.
10. 谢华育.中国特色社会主义基本经济制度的科学制度体系特征［J］.上海经济研究，2019（12）：22–26.
11. 谢婼青.专家咨询约束下综合评价指标体系构建的研究及应用［D］.上海社会科学院，2019.
12. 张克难.坚定对中国特色社会主义制度的自信［J］.毛泽东邓小平理论研究，2013（03）：6–11.
13. 张宇.关于中国特色社会主义政治经济学的若干问题［J］.国家行政

学院学报，2016（02）：45-50.

14. 张卓元.中国经济改革的两条主线［J］.中国社会科学，2018（11）：12-29.

三、上海分配制度发展指数研究

（一）引言

我国的社会主义初级阶段实行的是以按劳分配为主、多种收入分配方式并存的收入分配制度，其内涵是按劳分配和按生产要素贡献分配结合，其价值取向是实现公平和效率的统一。这一分配制度是同我国公有制为主体、多种所有制并存的所有制结构相适应的，体现了社会主义初级阶段生产关系的特征和要求，也体现了发展社会主义市场经济和构建社会主义和谐社会的客观要求。深化收入分配制度改革，对于完善社会主义基本经济制度和社会主义市场经济体制，促进我国社会经济长期健康稳定增长和社会利益结构的均衡，实现共享发展和共同富裕，有着重大意义。改革开放四十多年来，上海经济快速发展，取得了举世瞩目的成就，伴随着经济的快速发展和生产力水平的快速提高，收入分配不均的问题逐渐显现了出来。为了逐步解决收入分配方面存在的矛盾和问题，我们需要通过对收入分配制度有一个客观的评价体系，确立调匀收入水平的主要方向，建立“保低、扩中、调高”的分配机制，即保障低收入群体基本生活，逐步扩大中等收入群体的比重，有效调节过高收入，努力缓解收入差距扩大的趋势，逐步建立起有利于“橄榄形”社会结构形成的分配制度框架，让全上海人民都能够共享改革发展的成果。本节主要在按生产要素分配的初次分配同再分配制度的基础上通过建立构建收入分配指数，结合上海市基尼系数，研究上海收入差距的成因及解决的对策建议，对全国范围内整体以及其他地域也有着指导和示范作用。

本节的内容包括五个部分：第一部分是阐明研究收入分配制度问题的重要性；第二部分对以往关于收入分配制度研究的综述；第三和第四部分则是对收入分配制度发展指数的提出和研究，并结合基尼系数对历年分配效率作出评价；第五部分是对本文结论的总结和探讨。

（二）文献综述

党的十九大坚持以人民为中心，提出了新时代的收入分配制度。坚持按劳分配的大原则不变，将按要素分配固化为体制机制，使收入分配更稳定、更合理、更有序，并提出要履行好“政府再分配调节职能，加快推进基本公共服务均等化，缩小收入分配差距等”新的目标要求。上述“按劳分配为主体、结合按要素分配”，基本属于初次分配，即生产经营单位的直接分配。初次分配是基础，但也存在缺陷和空档，有的收入差距过大，有的人群是初次分配所涵盖不了的（如老龄人口、残疾人等），有的因突然事故（如自然灾害、多种风险）使一部分人失去或减少收入来源，还有一些历史、自然原因造成收入不平衡，等等。初次分配的不平衡要通过国家财政税收等手段，征收一定的经费以财政转移支付加以调节，包括税收调节、社会保障调节、转移支付调节等，这是整个社会的分配调节器，是分配制度的一个部分、一个层次。《决定》规定："健全以税收、社会保障、转移支付等为主要手段的再分配调节机制，强化税收调节，完善直接税制并逐步提高其比重。完善相关制度和政策合理调节城乡、区域、不同群体间分配关系。"近年来，我国经济在快速发展的同时，收入分配差距拉大问题也越来越严重，收入分配的不平衡造成社会两极化问题及其严重性也越来越突出，与此同时，缩小收入差距的民生诉求不断增加。

我国是以公有制为主体的社会主义国家，经济的高质量发展有赖于经济增长的成果被社会更公平地分享，进一步为人民群众提供公平发展的机会。对收入差距扩大、有可能出现的两极分化问题，解决的办法主要有两个方面：一方面，要在初次分配中化解一部分，另一方面则更多地要靠再分配加以调节。为此，《决定》强调了税收调节，将完善直接税制度并逐步提高其比重。也就是说，收入差距悬殊，就要通过个人所得税调节。从我国目前的情况看，尤其需要完善个人所得税制度。在公平与效率关系的处理上，总的原则是，既要做大蛋糕，又要分好蛋糕；既反对不利于调动人民积极性和创造性的平均主义，也防止因收入差距过大造成两极分化。对此，《决定》给出了总的方针："鼓励勤劳致富，保护合法收入，增加低收入者收入，扩大中等收入，调节过高收入，清理规范隐性收入，取缔非法收入。"

城乡、地区、不同群体之间的不平衡，有很多是历史造成的，单靠自身初次分配克服比较困难，就需要通过财政转移支付支持和扶助。社会保障体系是公平分配的一个特殊领域，社会成员不仅吃好穿好用好，还有相当部分的社会消费，这就是党的十九大报告中所讲的："幼有所育、学有所教、劳有所得、病有所医、老有所养、住有所居、弱有所扶等方面的国家基本公共服务制度体系。"其主要财力来源是财政，这占据了再分配中的一大部分，高于个人直接分配得到的收入，但其消费都要落实到个体，小部分消费由个人承担，但大部分是来自财政支付。这是社会分配制度公平公正的体现，需要不断扩大且提升质量。收入分配过程主要包括初次分配、再分配，通过将生产所得利润公平地分配给劳动者，保障每个社会成员最基本的生活需要。初次分配注重公平和效率，再分配注重公平，后者是基于前者造成的收入差距过大提出来的。一个社会的收入分配制度需要充分发挥政府的调节职能，规范分配秩序，为完善社会主义经济制度创造条件和保障。

本节通过构建收入分配制度发展指数确定改善收入分配制度的方向，首先需要的是确定各生产要素在初次分配制度中占有的权重。李莹指出货币价格是按劳分配与按生产要素分配的共同实现形式。既然按劳分配和按生产要素分配都是在产权明晰的前提下，依据要素贡献的大小取得分配，那么这种分配的报酬形式就应当以要素的价格来决定，而不是产品和服务。之所以采用这样的方式，主要是因为直接的实物分配形式在现实生活中存有诸多的不方便和不经济。基尼系数是衡量收入差距程度的一个重要指标。目前学者在计算基尼系数时，采用了两种不同的"收入"概念，即总收入和可支配收入。总收入基尼系数是采用全部收入计算得出的；可支配收入基尼系数是从总收入中扣除个人所得税和个人缴纳的社会保障费后的基尼系数，能更准确地反映收入差距的实际状况。但使用基尼系数作为衡量收入不平等的指标，往往会忽略了真正影响收入不平等的原因，而且基尼系数容易受到中等收入人群收入变化的影响，反而对低收入人群与高收入人群之间的差距不太敏感。因此有学者指出，帕尔玛比值可以作为研究收入不平等的新指标，其直观反映了最高收入人群收入与最低收入人群收入之间的收入不平等水平。但与基尼系数一样的是，帕尔玛比值同样无法揭示出影响收入分配制度效率，以至于产生收入不平等的原因。因此本节为了解决这个问题，提出了收入分配制度发展指数，以探索收入不平等的影响因素，为政府决策提供改革上的建议。

（三）上海分配制度发展指数构建和数据来源

1. 收入分配制度的层次及内容

我国基本经济制度下的收入分配制度可以分为初次分配阶段和再分配阶段，第一阶段是以按劳分配为主体，多种分配方式并存的分配制度，这一阶段是基础，但也存在缺陷和空档，这就要通过政府发挥积极作用以税收调节，社会保障调节以及转移支付调节为重要的再分配调节手段的第二阶段来对不平等收入再次进行调节。其中，初次分配制度主要是以按劳分配与按生产要素（劳动、资本、土地、知识、技术、管理、数据等）相结合的形式，既体现了社会主义制度的必然要求，又突出了我国现处于社会主义初级阶段激励劳动者劳动热情以发展生产力的本质需要。

结合统计数据，本节选用了居民可支配收入指标作为衡量按劳分配的具体数据。居民可支配收入是指从劳动者所得劳动报酬即总收入中扣除个人所得税以及个人缴纳的社会保障费后所拥有的完全由劳动者自由支配的收入，能更准确地反映出个人在参与劳动生产过程中所付出的那一部分劳动。除了按劳分配的方式之外，按生产要素参与生产的比例对生产利润进行分配则是初次分配中另一个重要的分配方式。

为了衡量生产要素参与生产的比重，本节分别采用了上海市地区生产总值、劳动者报酬（按支出法计算）、上海市GDP固定资产折旧、上海市房地产开发商投资土地购置费用、上海市教育机构教育经费合计、上海市地方公共财政支出、科学技术、公共管理和社会组织单位就业人员平均工资、信息产品制造业产业增加值分别作为确定劳动、资本、土地、知识、技术、管理、数据这七个生产要素在社会生产活动中占有的部分。

其中，劳动作为生产要素参与生产活动与劳动者按劳分配所应得的那一部分价值并非是一个概念。当劳动者作为剩余价值的产出方，本就应该无偿占有商品的那一部分剩余价值，但在社会主义市场经济体制下，劳动者所得报酬分为劳动力的必要价值量和超过这一必要价值量的剩余价值量。根据马克思的相关论述可知，按劳分配应遵循等量劳动获得等量报酬的原则。这意味着，在社会主义性质的按劳分配中，不仅要对作为劳动力价格的必要价值量进行补偿，还要在对剩余价值量作了必要扣除之后使其为全体劳动者按比例合理分享，这里扣除的那一部分价值量就是按劳分配所得，剩余的那一部分价值量就是劳动作为生产要素参与生产活动应当为社会全体劳动者按比例合理分享。因此，这里选择以地区生产总值中劳动者报酬作为劳动要素的价格也就理所应当了。

资本作为生产要素参与生产的形式主要由固定资产参与生产，在生产中固定资产损耗的那一部分转化为商品的价值，这就显示了资本分得剩余价值的比重。

在工业生产中，土地往往作为固定资产并不会有损耗，其参与生产的主要方式是在政府监管下作为房屋所在地应由房地产开发商支出的那一部分，即房地产开发商投资土地购置费用。与此同时，知识作为参与生产力的一个重要要素，其参与生产的方式是作为改进生产方式，改革生产工具，从而推动生产力发展。而知识一般是由教育机构作为知识传播者，通过教育手段对劳动者进行培养，无论是体力劳动者还是脑力劳动者，都需要在教育机构对自身的劳动技能进行培养，因此，选择教育机构的教育经费作为知识在生产活动中的占有比例是有一定根据的。

接下来是技术，这是和知识的概念非常接近的一个要素。技术是指在生产中，因为专业化的影响，在不同产业中的劳动者，往往需要专业化的技能，但在实际生产过程中，技术这一要素往往表现为由政府通过财政支出普及生产技术以提高总体生产效率，其对生产的影响仅作为生产的必需手段，而非推动生产力的一个工具。因此，本节选择地方政府在科学技术方面的支出作为衡量指标。

在企业工厂生产过程中，管理起到的作用也不可小觑，正确的管理方式可以大大提高生产效率，反之则会制约生产水平的提高。但在实际情况中，管理者作为生产部门的一个资源配置的职位，其主要还是管理者的脑力劳动，而非管理要素参与生产的表现。于是，选取公共管理和社会组织单位就业人员平均工资作为衡量管理因素在生产中起到的作用大小。

十九届四中全会提出将劳动、资本、土地、知识、技术、管理、数据等要素按贡献参与分配确定为初次分配的机制。这是首次增列了“数据”作为生产要素，反映了数据对提高经济效率的突出作用，是具有时代特征的新生产要素，体现了我国分配制度的又一次与时俱进。在实际的社会生产中，数据作为生产要素必须通过市场评价完成向现实生产力的转化，也就是说，要在生产过程中创造出市场承认的财富，才能参与分配，否则作为一般意义的普通数据是无法参与分配的。另一方面，数据分配必须按贡献决定报酬。基于这一看法，本节选择了信息产品制造业产业增加值作为数据要素在生产中创造的价值部分，也就是数据要素应当分得的那一部分剩余价值。

上一部分阐述了初次分配中衡量各个环节的指标，而在再分配过程中，政府是作为协调管控的看得见的手。再分配的手段主要有三种，其一是税收调节，是由政府对劳动者的全部所得按照不同的收入水平收取相应的税费，其主要目的是为了避免收入水平进一步扩大，本节选择了使用地方公共财政税收收入来衡量税收调节的力度；其二是社会保障调节，作为保障低劳动技能群体以及非劳动群体的社会生活的一个重要手段，其表现形式有低保、最低工资等，这些都算作政府财政支出中的社会保障部分；其三是转移支付，这一部分的目标是为各地方政府提供均等化公共服务给予资金保障。公共服务水平高低通常是以人均财政支出的多少测度的，因此以公共服务均等化为目的的财力均等化转移支付旨在使不同地区人均财政支出均等化。一般情况下，某地区的均等化转移支付资金需求量等于该辖区标准财政支出与标准财政收入之差，这即是均等化转移支付的一般公式。用式子表示如下：

$$G=E-R \tag{7-1}$$

公式中E表示上海市公共财政支出，R表示上海市公共财政收入，G为财政支出与财政收入之差，也就是上海应得的均等化转移支付资金。理论上讲，G可正可负，也可为零。

2. 收入不平等的指标体系

基尼系数描述的是按人口分布所形成的收入平均差距对收入总体期望值偏离的相对程度，它给出了反映居民之间贫富差异程度的数量界限，较为客观和直观地反映了居民之间的贫富差距，预警和防止出现贫富两极分化，因此得到世界各国的广泛认同和普遍采用，是国际公认的衡量贫富差距的权威指标。如果将人口分为N个等分组，即每组人口占总体的比重相等，且已知相应等分组可支配收入的均值y_i，则基尼系数的计算公式为：

$$g = \frac{1}{2\mu N^2} \sum_{i=1}^{N} \sum_{j=1}^{N} | y_i - y_j | 。\qquad (7\text{–}2)$$

根据《上海统计年鉴》2001—2017年上海全体居民家庭可支配收入数据，本文将居民家庭等分分为五组，每组约占总户数的20%，即全体居民低收入家庭、中低收入家庭、中等收入家庭、中高收入家庭、高收入家庭。居民家庭收入是指家庭的全部实际收入；家庭可支配收入指居民家庭在获得各种补贴、扣除个人所得税和个人缴纳的社会保障费后得到的实际收入，可支配收入更能反映城镇居民家庭生活的实际状况。

3. 分配制度发展指数构建

基尼系数计算的是实际的累计收入分布于完全平等状态的差距，数值越高，说明差距越大或者说收入分配越不平等。其缺陷有两方面。一是不能揭示内部收入不平等的特征；二是它对中等收入群体的收入变化过于敏感，而对低收入和高收入者的变化不够敏感，而政策制定者通常更加关注高低收入者的变化情况。为了克服基尼系数的这两个缺陷，本节引出了收入分配制度发展指数，通过主成分分析法确定在分配制度中占主要影响作用的因素，可以发现并改良现有收入分配制度中不完善的地方，从而推进社会和谐有序发展。

① 主成分分析过程

数据来自万德（Wind）数据库及上海市统计年鉴，通过数据整理，得到2001—2017年共17年16组变量数据。数据列名分别如下：

表 7–9　收入分配制度各类指标

一级指标	二级指标	三级指标	代表参数	变量名称
基本经济制度分配制度	初次分配制度	居民可支配收入	上海全体居民人均可支配收入（元）	x_1
		生产要素价格（劳动、资本、土地、知识、技术、管理、数据等生产要素）	上海地区生产总值：劳动者报酬（亿元）	x_2
			上海 GDP：固定资产折旧（亿元）	x_3
			上海房地产开发商投资土地购置费用（亿元）	x_4
			上海市教育机构教育经费合计（亿元）	x_5
			上海地方公共财政支出：科学技术（万元）	x_6
			城镇单位就业人员平均工资：公共管理和社会组织（元）	x_7
			上海信息产业增加值：信息产品制造业（亿元）	x_8
	再分配调节机制	税收调节	公共财政税收收入：合计（亿元）	x_9
		社会保障调节	公共财政社会保障和就业支出（亿元）	x_{10}
		转移支付调节	上海地方公共财政转移支付资金（万元）	x_{11}
收入分配结果	收入群体结构	低收入户	上海低收入户：可支配收入（元/人）	y_1
		中低收入户	上海中低收入户：可支配收入(元/人)	y_2
		中等收入户	上海中等收入户：可支配收入（元/人）	y_3
		中高收入户	上海中高收入户：可支配收入(元/人)	y_4
		高收入户	上海高收入户：可支配收入(元/人)	y_5

首先对数据进行标准化处理，并求出其标准化后相关矩阵及特征值，如表7-10，计算相应主成分的方差贡献率如表7-11，可以看出，第一个主成分的方差贡献率就已经达到了90%以上，这一点从图7-11的碎石图也可以看出，第一个主成分就足够解释了90%以上的数据。从主成分载荷矩阵中得到第一个主成分的载荷向量（表7-12），可以看出主成分Comp.1在x_1（全体居民人均可支配收入）、x_2（地区生产总值：劳动者报酬）、x_9（公共财政税收收入）上有相同且较大的载荷，可视为反映劳动和税收的主成分；主成分Comp.2在x_8（上海市信息产品制造业产业增加值）上有较大的载荷，可以作为反映数据要素在按生产要素分配制度中占比的主成分。有了对各个主成分的解释，结合各年份在两个主成分上的得分和综合得分，就可以对各年份的综合分配发展效率进行评价了。

表7-10 相关矩阵特征值

9.906 0	0.596 0	0.202 0	0.171 0	0.091 0	0.013 2
0.009 0	0.003 0	0.003 0	0.000 9	0.000 1	

表7-11 主成分方差贡献率

Importance of components：						
	Comp.1	Comp.2	Comp.3	Comp.4	Comp.5	Comp.6
Standard deviation	3.147 3	0.772 5	0.450 2	0.414 0	0.302 9	0.115 2
Proportion of Variance	0.900 5	0.054 2	0.018 4	0.015 5	0.008 3	0.001 2

（续表）

Importance of components：						
	Comp.1	Comp.2	Comp.3	Comp.4	Comp.5	Comp.6
Cumulative Proportion	0.900 5	0.954 8	0.973 2	0.988 8	0.997 1	0.998 3
	Comp.7	Comp.8	Comp.9	Comp.10	Comp.11	
Standard deviation	0.096 0	0.062 6	0.058 6	3.160 266e −02	1.331 868e −02	
Proportion of Variance	0.000 8	0.000 35	0.000 3	9.079 346e −05	1.612 612e−05	
Cumulative Proportion	0.999 222 761 5	0.999 579 875 8	0.999 893 080 4	9.999 839e −01	1.000 000e +00	

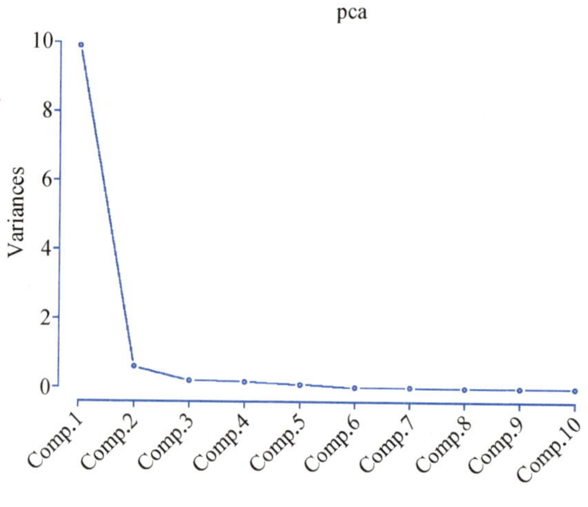

图 7-11　碎石图

表 7-12

	x_1	x_2	x_3	x_4	x_5	x_6	x_7	x_8	x_9	x_{10}	x_{11}
Comp.1	0.316	0.316	0.310	0.296	0.311	0.309	0.312	0.228	0.316	0.308	0.282

下面通过对不同年份自编综合得分排名，根据加权法估计出综合得分，以各主成分的方差贡献率占两个主成分总方差贡献率的比重作为权重进行加权汇总，得出不同年份的综合得分，即

$$PC=\frac{0.9006C_1+0.0543C_2}{0.9006+0.0543}。\tag{7-3}$$

计算得各年份的综合得分排名如表7-13。下面以第一主成分为横轴，第二主成分为纵轴，绘制各年份的主成分图，见图7-12。

表7-13 各年份综合得分排名

年份	Comp.1	Comp.2	PC	Rank
2017	−6.554 959 7	0.531 260 312	−6.152 249 2	1
2016	−5.014 474 1	−0.055 103 34	−4.729 814 3	2
2015	−3.657 478 1	0.232 847 990	−3.436 390 5	3
2014	−2.504 637 6	0.167 235 119	−2.352 794 8	4
2013	−1.961 813 1	0.164 776 190	−1.840 958 8	5
2012	−1.482 787 4	0.083 766 496	−1.393 760 0	6
2011	−1.091 965 5	0.045 093 585	−1.027 346 3	7
2010	−0.317 386 4	−0.049 946 213	−0.302 187 7	8
2009	0.355 193 7	0.507 973 306	0.363 876 2	9
2008	0.712 914 6	−1.437 019 896	0.590 733 6	10
2007	1.470 874 1	−1.617 505 879	1.295 361 2	11
2006	2.246 610 9	−1.273 847 414	2.046 542 9	12
2005	2.634 584 2	−0.469 352 634	2.458 187 2	13
2004	3.027 305 9	0.163 497 978	2.864 555 4	14
2003	3.683 506 1	0.873 522 922	3.523 814 5	15
2002	4.082 626 7	1.010 999 085	3.908 065 9	16
2001	4.371 885 7	1.072 209 387	4.184 364 8	17

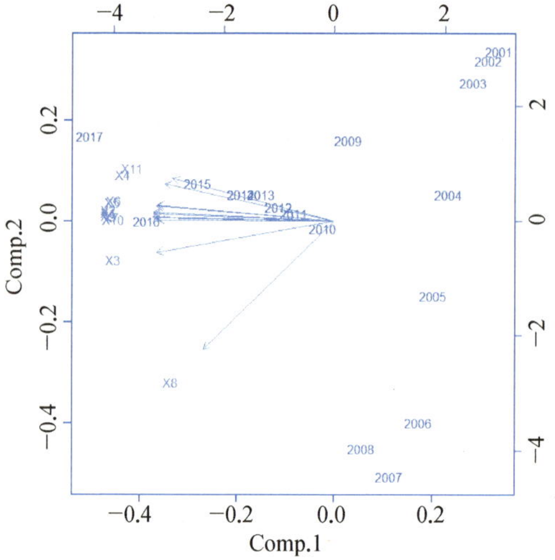

图7-12 各年份主成分得分图

可以看到，在按劳分配和税收主成分Comp.1上得分高的年份是2017、2016、2015，这就是说对于其他年份而言，自2015年开始，政府关于工资以及税收政策作出了较大的改革，而2001、2002、2003年在工资和税收政策方面可能会略有不足。2007、2008年在主成分Comp.2上的得分较高，可见在2007年以后数据就已经作为重要的生产要素进入大众视野。就综合得分来看，随着年份愈近，总体的收入分配制度是处于一个优化过程的，这也与我国本身正处于改革开放阶段，收入分配制度改革领域取得的巨大成果相契合。

② 收入分配制度发展指数构建

由上面的结果可以知道，在收入分配制度中，按劳分配、按劳动要素分配以及税收调节是保证收入分配公平的重要因素。由此可以根据这三个因素构建一个收入分配制度发展指标来衡量基本经济制度分配制度的优劣。收入分配制度的核心价值理念是公平正义，这种分配制度要能有效地促使和规范人们通过正当合法途径去获得财产和收入，要能平等保护各类产权主体，要能有效地约束产权主体和政府的行为。也就是说，政府需要充分发挥自身调控作用，通过规范收入分配制度，确保社会成员公正公平地分得生产所得利润。由此，本节提出收入分配制度发展指标，表示为初次分配和再分配之比，通过主成分分析法确定了初次分配阶段中起主要作用的是按劳分配和劳动作为生产要素分配这两个方面，税收调节是作为影响再分配结果的主要因素，计算公式如下：

$$R_i = \frac{X_{1i} \times S_i + X_{2i}}{X_{9i}}。 \tag{7-4}$$

其中，X_{1i}表示i年全体居民平均可支配收入，S_i表示i年地区总人口，X_{2i}表示i年地区生产总值：劳动者报酬，X_{9i}表示i年地方公共财政税收收入。通过比值的数量可以知道，当R_i较大时，说明政府起到了较小的作用，收入分配完全由初次分配决定，结合市场经济制度，会导致较大的收入差距出现；而当R_i较小时，政府对于收入不平等的调控力度较大，通过对较高收入者征收更多的税，可以缓解以及缩小收入不平等差距。

（四）上海分配制度发展指数的变化趋势分析

根据（7-4）式，计算得出2001—2017年上海市收入分配制度发展指数并画出折线图如下：

图7-13 上海市收入分配制度发展指数

从图7-13可以看出，上海市收入分配发展指数整体呈现一个下降的趋势，可以认为是因为政府逐步加大对收入分配制度改革的力度。在得到收入分配制度发展指数的同时，也要结合收入分配的结果，努力实现缩小收入差距，提高总体收入水平的目标。根据田卫明提出的省域居民收入基尼系数测算公式（7-2）可以计算得出图7-14的基尼系数变化图，其变化趋势大致是先上升，再逐渐趋于平稳。不难发现，随着改革开放的政策稳步实行，上海作为中国经济发展的领头羊，面对主要问题就是收入差距的加大，所以在2002年之后基尼系数有着一个跨越式的增长。但同时，政府作为社会宏观调控者选择了正确的方向，即确立了按劳分配为主、按生产要素分配为重要方式的初次分配制度，和以税收调节为主要调控手段的再分配制度，确保收入差距不被进一步拉大。总体上是与收入分配制度发展指数所阐明的事实是一致的，这也从收入分配的结果角度说明了本节中提出的收入分配制度发展指数的有效性及真实性。

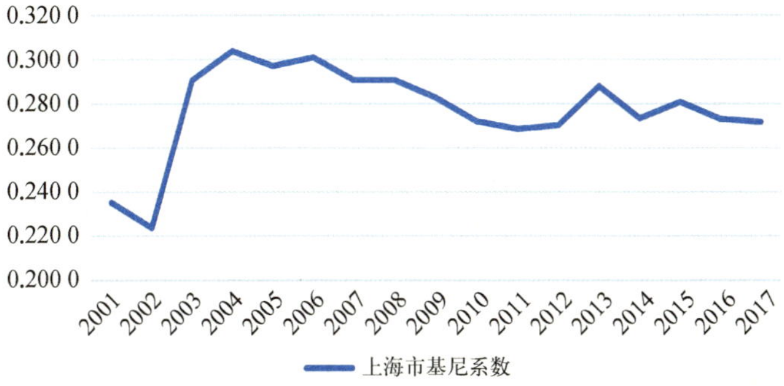

图7-14 上海市基尼系数

（五）结论与展望

本节在基本经济制度分配制度的体系基础上，引入了收入分配制度发展指数，作为衡量该制度体系效率的指标，重点从按劳分配、劳动作为生产要素分配、税收调节方面进行考察；并进一步通过居民收入差距的基尼系数来验证收入分配制度的成效。实证结果表明，上海市收入分配制度近年来在面对改革开放带来的经济红利的同时也面临着收入分配不均的巨大挑战；政府通过在劳动者报酬、税收制度方面的改革，对收入分配制度进行优化，避免了收入差距的继续扩大，确保劳动者能得到公平公正的分配结果。为避免走向收入差距持续拉大和贫富两极分化、确保人民共享改革和发展的伟大成果、逐步共同富裕迈出了坚实的一步。当然本节的研究也有待进一步深化。《决定》第一次以党的文件形式确认和倡导“第三次分配”，提出“重视发挥第三次分配的作用，发展慈善等社会公益事业”。第三次分配与初次分配、再次分配不同，是以友善道德为支撑的支援性的捐助分配。这是社会主义核心价值观的物化表现，使之常态化、规范化、制度化，是以往分配理论的延伸。受制于这类统计数据的可得性，无法选取第三次分配作为评价收入分配制度的指标，因此收入分配制度发展指数还有待进一步完善；另一方面，税收和工资制度作为影响收入分配制度的关键因素，其具体的影响路径和作用机制还有待进一步考量，在将来的研究中可以在分配制度发展指数中得以体现，进而对优化这两方面的制度，促进收入分配制度改革提供可操作性的建议。

参考文献

1. 习近平.决胜全面建成小康社会　夺取新时代中国特色社会主义伟大胜利［N］.人民日报，2017-10-28（001）.
2. 李莹.中国特色社会主义分配制度的源本性考察［J］.当代经济，2016（22）：120-123.
3. 杨卫.中国特色社会主义分配制度体系的三个层次［J］.上海经济研究，2020（02）：36-42.
4. 习近平.关于《中共中央关于坚持和完善中国特色社会主义制度推进国家治理体系和治理能力现代化若干重大问题的决定》的说明［N］.人民日报，2019-11-06（004）.
5. 谢立中.唯一“真实”的基尼系数是否可得?［J］.社会学研究，2013，28（05）：126-144+244.
6. 王亚芬，肖晓飞，高铁梅.我国收入分配差距及个人所得税调节作用的实证分析［J］.财贸经济，2007（04）：18-23+126+128.
7. 闫华飞，蒋鸽.城镇居民家庭收入差异对基尼系数的影响［J］.统计与决策，2020（20）：150-153.
8. 胡琳琳，高宇宁.衡量收入分配不平等的新指标：帕尔玛比值［J］.

现代国企研究，2014（12）：104–105.

9. 王亚芬，肖晓飞，高铁梅.我国城镇居民收入分配差距的实证研究［J］.财经问题研究，2007（06）：65–71.
10. 刘佑铭.论中国特色社会主义收入分配制度［J］.学术研究，2017（04）：87–94+177–178.
11. 蒋永穆.数据作为生产要素参与分配的现实路径［J］.国家治理，2020（31）：43–45.
12. 贾晓俊，岳希明.我国均衡性转移支付资金分配机制研究［J］.经济研究，2012（01）：17–30.
13. 刘灿，王朝明.中国特色社会主义收入分配制度研究［M］.北京：经济科学出版社，2017（01）.
14. 田卫民.省域居民收入基尼系数测算及其变动趋势分析［J］.经济科学，2012（02）：48–59.

后　记

本书是李正图承担的国家社会科学基金重点项目“坚持和完善中国特色社会主义基本经济制度研究”（编号：20AZD011）的前期研究成果之一，由李正图团队与上海社会科学院经济研究所大数据研究中心韩清团队共同完成。

各章节撰写者分别为：前言，李正图；第一章，马立政；第二章，纪园园、谢婼青、邸俊鹏；第三章，罗佳、米晋宏、张伯超、陈柯；第四章，马立政；第五章，罗佳、米晋宏；第六章，张伯超、陈柯；第七章，纪园园、谢婼青、邸俊鹏；后记，韩清、李正图。

本书出版由上海社会科学院经济研究所提供资助支持，特此鸣谢。

韩　清　李正图

2021年6月